1分でみるみる教養がつく 日本語の雑学

坪内忠太

三笠書房

まえがき――この本の使い方

『1分でみるみる教養がつく日本語の雑学』という本書のタイトルを見て、教養とはなんだろう、なぜ頭がよくなるのだろう？　と疑問に思ったかもしれません。

それにはまず、目次を見てください。

それぞれが「日本語の教養クイズ」となっています。たとえば、

●「転がる石に□はつかない」は、もとは英語のことわざ。□は何？（p27に答え）

●「下手な考え休むに似たり」は1字まちがい。どこか？（p28に答え）

●「小春日和に桜が咲いた」は正しいか？　正しくないか？（p132に答え）

ときに、古い記憶をたどって思い出し、ときに頭をひねって推理を働かせ、この「日本語の教養クイズ」を楽しみながら解いていくことが、自然と「脳の体操」となり、使える知識となります。

日々、私たちは日本語でものを考えているので、日本語の知識が増えて、日本語力がアップすれば、それはそのまま脳の強化につながっていくでしょう。

坪内忠太

目次

第1章 「とんでもございません」は、敬語としていいか、悪いか？

第2章　仕事をサボってのおしゃべりを、なぜ、「油を売る」と言うか？

キョロ
キョロ

第3章 「雷様におへそを取られる！」は、なぜ、へそか？

第4章 「タンポポ」の名前は、なぜ、「タンポポ」になったか？

第5章 「一所懸命」と「一生懸命」は同じか？ ちがうか？

第6章　選ばれることを「白羽の矢が立つ」と言う。なぜ、白羽か？

第7章 じゃけんな態度を「けんもほろろ」と言う。「けんもほろろ」とは？

第8章 ひどく嫌うことを「毛嫌いする」と言う。なぜ毛？ なんの毛？

イラスト　村林タカノブ／津々井良
本文デザイン・DTP　ウエイド

第1章

「とんでもございません」は、敬語としていいか、悪いか？

「本音と建前はちがう」と言うときの「建前」とは？

「本音と建前」の話で有名なのは、「京の茶漬け」である。

京都で他家を訪問し、用件がおわったあと「ぶぶ漬け（茶漬け）でもいかがどす？」とすすめられる。「そろそろ帰ってください」という合図なのだが、これを真に受けて、「いただきます」と応じてしまったら「世間知らず」「ずうずうしい」と笑われる。上方落語のネタにもなっている。

このニュアンスは、外国人にはとうてい理解不可能だから該当する言葉はなく、英語では「Honne and Tatemae」と、そのままだ。そこで「本音」とは何かだが、本当の音色だから「本心」。また、「建前」は家を建てるときの柱や棟、梁などの骨組みのことだから、「原則」である。あるいは別に、「建前」は「立前」だという説もある。

これは昔、映画の『男はつらいよ』のフーテンの寅さんがやっていた口上のことで、今ならテレビショッピングの売り文句のようなものだ。調子よくしゃべるが商品の欠点など本音は言わない。意味からすると、こちらが近いだろう。

兄弟は「きょうだい」だが、姉妹のことも含めていいか？

いい。『広辞苑』は、「きょうだい」について、「男きょうだいの兄に弟を音読した語だが、姉妹にもいう」としている。

「きょうだい」「しまい」は奈良時代から使われ、「しまい」が姉と妹だけを指すのに対し、「きょうだい」は男女に関係なく兄、姉、弟、妹のどの組み合わせにも使われてきた。

したたかという意味の「海□山□」の□に入る同じ漢字は何か？

「海千山千〈うみせんやません〉」である。海に千年、山に千年住んだヘビは、竜になるという伝説に由来する。昔からあった伝説だが、〝さまざまな経験を積んで、世間の表も裏も知り尽くした、したたかな人〟という意味で使われるようになったのは、昭和になってから。

そこには、かすかに「悪にも手を染めた」というニュアンスがあるので、ふつうの人は敬して遠ざけるが、仲間内からは、「やり手だ」「仕事ができる」と尊敬されることもあるようだ。それを勘ちがいして、「部長は海千山千だと、皆、思っています！」などと尊敬の念を伝えたつもりでいると、ムッとされるだろう。「悪に手を染めているかもしれない」という言外のニュアンスが感じ取られるからである。

なぜ、鰯（いわし）は「魚」偏に「弱」か？

イワシは、タンパク源として、日本はもちろん、世界中で食べられている。日本では、昔から庶民の味方である。ただ、脂肪分が多くていたみやすいことから「弱し」と呼ばれ、「ヨワシ」がなまって「イワシ」になった。だから漢字は「魚」偏に「弱」だ。だが、これとは別に、もうひとつ説があって、平安時代に、貴族ではない卑（いや）しい身分のもの（庶民）が食べる魚とされていたので、「イヤシイ」が「イワシ」になったという。有名な話

だが、『源氏物語』の作者・紫式部は、イワシが大好物だった。しかし、貴族社会では卑しい魚とされていたので、夫の藤原宣孝がたしなめたところ、和歌で、「日の本にはやらせたまふ石清水まいらぬ人はあらじとぞ思ふ」と応えた。そのココロは、「イワシミズ（石清水八幡宮）に誰もがお参りするように、イワシも皆さん大好きよ」だ。平安貴族は、身分は高くても栄養状態はよくなかったというのが日本史の定説である。イワシを卑しい魚とするたぐいの偏見が、偏食につながったのである。

その点、紫式部の食事は、栄養バランスがよかったので『源氏物語』という傑作をものすることができたのではないだろうか？　無関係とは言えないだろう。

「転がる石に□はつかない」は、もとは英語のことわざ。□は何？

「苔」である。英語の原文は「A rolling stone gathers no moss.」だ。「転石苔を生ぜず」とも言う。さて、この意味は、「転職や転居をくり返す人は、地位も財産も得られない」だろうか、それとも、「活発に活動している人は、時代に取り残されることはない」だろうか、どっちだろうか？　実は、どちらもOKだ。なぜなら前者はイ

ギリスのことわざで、後者はアメリカのことわざだからだ。

日本では、人によってまちまちだ。なお、rolling stoneには放浪者の意味もある。1962年に結成されたイギリスのロックバンドは「ローリング・ストーンズ」だ。

「下手な考え休むに似たり」は1字まちがい。どこか？

自分の考えを自画自賛する人に対しては、つい、「下手な考え休むに似たり」と言いたくなるが、まちがい。正しくは、「下手の考え休むに似たり」だ。「下手な考え」だと、「目の前の、その考えが役立たずでつまらない」ということだが、「下手の考え」は「下手な人の考え」、すなわち、その人の考えは、どれも休むに似ており「時間のムダ」ということになる。「目の前に出されたその考えに知恵がない」のではなく、「知恵のない人が考えたこと」は、「時間のムダ」と言っているのだから痛烈だ。

「祇園の料亭は敷居が高い」はまちがい。なぜか？

「銀座の高級クラブは、ヒラ社員には敷居が高い」は×だが、「あの飲み屋は、ツケがたまっているので、敷居が高い」は○。「妻の実家は江戸時代からの老舗で、敷居が高い」は×だが、「妻の実家には世話になりっぱなしで、敷居が高い」は○。「高級寿司屋は敷居が高い」は×だが、「なじみの寿司屋で酔いつぶれて敷居が高くなった」は○だ。

「敷居が高い」は、単にハードルが高いという意味ではない。迷惑をかけたり義理を欠いたりして、相手の家や店に行きづらいことを言う。

「後世おそるべし」は明らかなまちがい。なぜか？

世の中はどう転ぶかわからないから、将来の備えはしっかりやっておくべきだということを、「後世おそるべし」だと思っているのだったら、大まちがい。正しくは、

孔子の『論語』にある「後生畏可」（後生畏る可し）だから、「生」の字までちがっている。中国語で「先生」とは、先に生まれた者で年長者を意味し、対する「後生」は、あとから生まれた者だから若者である。若者は学問を積んでいけば、将来、どんな力を発揮するかわからない。だから、「安易な若者批判はするべきでない。もっと長い目で見よ」という教えだ。今はまだ駆け出しでも、やがて世の中の中心にすわるのが若者である。

推薦を頼みたいときは「伯楽の一□をたまわりたし」だ。□は何？

「顧」である。「伯楽の一顧をたまわりたし」だ。伯楽というのは人名。姓を孫、名を陽と称し、『列子』や『淮南子』など老荘思想の書物にしばしば登場する。古代中国・周の時代に活躍した、馬の善し悪しを見きわめる名人である。そこから転じて、人物の能力を見抜く目を持っている人、あるいは、人材を育てることに長けた人を「名伯楽」と呼ぶようになった。

こんな故事がある。ある人が伯楽をたずねてきて、「私はとてもいい馬を持っています。でもどうしたことか、馬の市に出してもさっぱり買い手がつきません。どうか馬市に来て、一度見ていただけませんか」と頼んだ。伯楽が行ってみると、なるほど立派な馬だった。

翌朝、伯楽は再び馬市に出かけ、その馬の周りをぐるりと一周し、出口でもう一度振り返り、その馬を見た。すると、たちまち馬の値段が10倍にはねあがり、買い手が決まったという。ここから、才能を認めてもらい、しかるべき人や組織に推薦を頼むときに、「伯楽の一顧をたまわりたし」と用いるようになった。

「とんでもございません」は、敬語としていいか、悪いか？

答えは最後に。上司や得意先から「いろいろありがとう」「ご苦労だったね」と、ねぎらわれると、つい、「とんでもございません」と返してしまう。「とんでもないで

す」を丁寧に言ったつもりなのだ。

しかし、「とんでもない」の語源は、「途でもない」「途方もない」でひとくくりだったものが転じたのだから、「とんでも」と「ない」は切り離せない。「とんでも」に「ございません」をくっつけるのは、日本語としておかしい。丁寧に言いたいなら、「とんでもないことです」「とんでもないことでございます」である。

と、ここまでは、話の前半である。さて、平成15年（2003）に文化庁は「とんでもございません」という言い方が、気になるかどうかをアンケートで調査した。すると、68パーセントもの人が「気にならない」と答えた。これを受けて平成19年（2007）2月に同庁は『敬語の指針』で、「とんでもございません」は、「ほめられたことに対し謙遜して否定する言い方としては問題がない」と発表した。だからもう誤用かどうか考える必要はないわけだ。これが答えだ。

「君の企画はぞっとしないね」は、「ほめた」？「けなした」？

見出し例文の「ぞっとしない」は、「感心しない」という意味だから、「けなした」

のである。しかし、ふつう、「ぞっとする」は「ヘビをつかんでぞっとした」「屋上から下を見てぞっとした」のように、「いやな感じ」や「恐ろしい」ときに使う。だから、その否定形は「いやな感じじゃない」「恐ろしくない」となり、「悪くない」につながるのだから、「感心しない」というのは、ちょっと変では？

それならば、別の角度から見てみよう。ふつう、鳥肌が立つのは、恐ろしいときと感動したときである。恐ろしいときは「ぞっとして」鳥肌が立ち、感動したときも「ぞっとして」鳥肌が立つ。つまり、ぞっとするには「感動する」「感激する」「感心する」という要素もあるのだ。だとすると、その否定形の「ぞっとしない」が「感心しない」であってもおかしくはないわけだ。

「FXで濡れ手に泡の大儲け！」は大まちがい。なぜか？

FX（通貨と通貨を交換する取引）が大流行したころ、週刊誌が、わざと「濡れ手に泡」と見出しをつけていた。大儲けがバブル（泡＝アワ）を連想させるからだ。もちろん、正しくは「泡」でなく、「粟（アワ）」であり、「濡れ手で粟」だ。

アワは、キビ、ハトムギ、ヒエなどとともに雑穀（ざっこく）の類だが、戦後、米の増産に成功してからは、ほとんど食べなくなった。そのため生産量が急激に減り、今では五穀米（ごこくまい）など健康食品として見かけるくらいだ。だから、「濡れ手で粟」と言ってもピンとこない。アワは米に比べて粒がはるかに小さく、しかもサラサラなので手でつかもうとしても、指のあいだからもれる。そこで、昔の人は、手を濡らしてからつかんだ。そうすれば小さな粒でもくっつくので、たくさんのアワを一度につかむことができるからだ。生活の知恵だ。

「危機一発のところを救い出された」は、どこがまちがい？

まちがいは、「一発」。正しくは、「一髪」〈いっぱつ〉だ。髪の毛1本ほどの余地しか残っていないところまで危機が迫ることだから、一発では意味がちがう。

にもかかわらず、危機一発とまちがえやすいのは、昭和39年（1964）、日本で公開されたショーン・コネリー主演の映画『007／危機一発』と主題曲『ロシアより愛をこめて』が大ヒットしたせいである。こちらの危機一発は、銃弾（じゅうだん）の一発だ。といってもこれは、原題『From Russia with Love』を日本で公開するとき、当時、日本ユナイト映画の宣伝総支配人だった水野晴郎（みずのはるお）氏が日本語版のために考えたタイトルである。もともと１９５６年、東映に『御存じ怪傑黒頭巾危機一発』というタイトルの前例はあったのだが、この絶妙なタイトルによってこの映画は大ヒットし、水野氏はその後、映画評論家として活躍することとなった。

「帰りのタクシーは親友のＡ君と呉越同舟（ごえつどうしゅう）だった」は何がまちがい？

「帰りのタクシーはライバル会社のＡ君と呉越同舟だったよ」ならＯＫ。なぜなら、「呉越同舟」は敵同士、仲の悪い者同士、ライバル同士がたまたまいっしょに乗り合わせるという意味だからだ。友人や仲間は呉越ではない。では、呉越とは何か？

紀元前５世紀ごろ、春秋（しゅんじゅう）時代の中国で勢力を競っていた、北の呉の国と南の越の国である。隣国同士で仲が悪かった。

そんな、いつもいがみ合っている呉越だが、兵法書の『孫子』には、「呉人と越人がたまたま乗り合わせた舟が、もし突風にあおられるようなことがあれば、いくら仲が悪くても両者は力を合わせて転覆を防ぐだろう」という呉越同舟の一節がある。「仲の悪い同士」「敵同士」がいっしょ、というところがミソである。

矛盾したウソを平気でつくのは「□枚舌」。□は何が入る？

「二」だ。二枚舌である。「両舌」という次の法話からきた。インドの山奥にトラとライオンが仲よく暮らし、いつも肉を分け合っていた（インドには小型のインドライオンがいる）。それを見たヤマイヌが、仲間に入れてくれと頼んだところ、2頭は快くOKした。そうして3頭で肉を分け合っていたが、あるときヤマイヌは、2頭にケンカをさせて、2頭が倒れたところで全部食べようと思いついた。

そこで、ライオンに「トラがあなたの悪口を言っている」と伝え、トラには「ライオンがあなたの悪口を言っている」と伝えた。そしてケンカが始まるのを待ったが、一向にその気配はない。トラとライオ

ンは本物の仲よしだったから、ヤマイヌのウソを見抜いていたのである。もちろんヤマイヌは追い出された。

このように仲たがいさせることを目的として、それぞれにちがうことを話すことが、「二枚舌」の本来の意味だが、今は、前後の矛盾があっても、平気でウソをつくことを、そう言っている。

「犯人は尾行に気づいて、やおら走り始めた」はまちがい。なぜか？

まちがいは「やおら」だ。正しくは、「やにわに」「急に」「突然」などだ。

平成19年（2007）の文化庁の調査によると、「やおら」を「いきなり」「急に」と勘ちがいして「車の前にやおら人が飛び出してきた」のように使う人が43・7パーセントもいたという。半分近くがまちがえて覚えているわけだ。正解の、「ゆっくり」「おもむろに」は、40・5パーセントだから、誤用より少ない。〝まちがい日本語〟の代表格であった。ところが10年後の2017年の同じ調査では、間違い30・9％、正しい39・8％と、正しいほうが逆転している。

「やおら」は「やわら（柔）」と同じ語源という説もあるくらいだから、「やわらかい」「おだやか」「そっと」「静かに」といった感じだ。

「皆の拍手がおさまると、彼はやおら立ちあがってスピーチを始めた」とか、「倒れたキーパーはしばらく俯せ(うつぶ)になっていたが、やおら立ちあがった」などが正しい使い方である。

会議が前に進まないとき「会議は踊る」と言う。なぜ、「踊る」か？

この会議（ウィーン会議）は、1814年9月～15年6月のあいだ、オーストリアのウィーンで開かれた。フランス革命とナポレオン戦争がおわったあとのヨーロッパをどうするかが議題だったが、平和と秩序再興をうたっていたものの、内実は領土の取り合いだったので各国が対立し、数ヵ月をへても前に進まなかった。このことをフランス代表だったタレーランが「会議は進まない、されど踊っている」と風刺(ふうし)した。

また別に、オーストリアのリーニュ公シャルル・ジョセフは、「会議は踊る、されど進まず」と言ったともいわれる。踊っているというのは、舞踏会(ぶとうかい)は連日連夜、開かれていたからである。そのことと、会議が同じ議題で堂々めぐりしている様子と、ワルツのように同じ場所を回っているのを掛けたのである。タレーランはナポレオンに仕えていたが、ひそかにナポレオン失脚を画策したとされる。しかし、この会議では敗者の側だったにもかかわらず、各国がもめているのを尻目に交渉を重ね、フランスの国益を守ったと評価が高い。

政治力、外交手腕に長(た)けたしたたかな「コウモリ男」だった。

さて、「会議は踊る」はどうなったかというと、1815年3月、幽閉(ゆうへい)中のナポレオンがエルバ島を脱出したという情報が入り、にわかに各国は妥協、同年6月9日にウィーン議定書(ぎていしょ)を交わして終結した。

「あの態度は言語同断だ！」は、1字まちがい。どこか？

「同」がまちがい。正しくは「言語道断」〈ごんごどうだん〉だ。これは仏教に由来

する熟語で、もともとは〝奥深い真理は言葉では説明できない〟という意味だった。道断は、説明する道が絶たれたという意味だから、同断では音は合っていても意味不明である。やがて仏教以外でも使われるようになり、〝口ではとうてい言いあらわせないこと〟となった。

といっても、ネガティブな意味合いはなく、〝あまりにも立派なので言葉では言いあらわせない〟という感じだ。

それがさらに広く使われるようになり、そのあたりから否定的なニュアンスがくっつき、〝とんでもないこと、もってのほかだ〟となった。今では、「自分から頼んできたのに断るだなんて言語道断だ！」と怒りを交えて使われる。

皆といっしょという意味の「一連托生」は1字まちがい。どこか？

「連」がまちがい。正しくは「一蓮托生」〈いちれんたくしょう〉だ。

蓮という字が入っていることでわかるように、仏教からきた言葉である。あの世に行っても極楽浄土に往生し、同じ蓮華（仏の世界）に身を託しましょう、というおだやかな言葉だった。皆いっしょに、だ。

ところが、大正時代に原敬(はらたかし)が首相をしていたとき、文部大臣の失言から任命責任を追及され「皆いっしょだ、一蓮托生！」と答弁した。この発言からにわかに有名になり、「皆、同じ責任、同じ運命」という使われ方をするようになった。

そこからさらに進んで今は、極楽浄土だけでなく、地獄に落ちるときも「一蓮托生だ！」と使われる。しかも、「いっしょ」が強調されるので、「一連托生」とまちがえやすい。蓮は、泥の中から出て白い清らかな花を咲かせるので、仏教の象徴とされている。余談だが、国会議事録では「一蓮託生」と表記が決められている。「託」だ。

「会議ではケンケンガクガクの議論が交わされた」は正しいか？

日本語のまちがいをあつめた本には、どれも、「ケンケンガクガク」はまちがいと書いてある。「ケンケンゴウゴウ」と「カンカンガクガク」はあるが、「ケンケンガクガク」はなく、前の二つをまぜこぜにした「まちがい言葉」であるというのだ。

だから、見出しの「ケンケンガクガクの議論」は、出席者がいろんな意見を出し、収拾がつかなくなったという意味なら、「ケンケンゴウゴウの議論」とすべきである、という。

しかし、『広辞苑』には、「けんけんがくがく」がちゃんと載っている。引用すると、「(『喧喧囂囂(ごうごう)(けんけん)』と『侃侃諤諤(かんかんがくがく)』とが混交して出来た語)多くの人がいろいろな意見を出し、収拾がつかない程騒がしいさま」とある。

新しくできた言葉にはちがいないが、広く使われており、まちがいではないということだろう。

ちなみに、「ケンケンガクガク」の漢字は、「喧喧諤諤」である。すなわち、「喧喧諤諤」と「喧喧囂囂」は、たくさんの人が口々にやかましくさわぎ立てること、「侃侃諤諤」は、遠慮することなく言いたいことを言う、である。直言することだ。

「情(なさ)けは□のためならず」。□は何が入る?

「人」だ。マスコミや文化庁の世論調査によると、この仏教の教えである慣用句を、

「下手に情けをかけるとその人のためにならないから、不用意に他人に情けをかけるべきではない」と誤解している人が半分近くもいるという。「情けが仇になる」と考えているのだ。しかし、「情けは人のためならず」のあとに「めぐりめぐって己がため」と続くのだから、「情けをかければ、それがいつか自分に返ってくる」、というのが正しい意味である。他人のためでなく、自分のために情けをかけるのだ、という教えである。

「部長の左遷は晴天の霹靂だった」は1字まちがい。どこか？

晴天ではなく「青天」だ。青天は雲ひとつない空だから、晴天と同じだが、この言葉には出典があるから、勝手に変えてはいけない。青天だ。

霹靂はカミナリの大音響。青空に耳を劈くカミナリの大音響が響いたのだから、思いがけないできごとだ。もともとは、中国の南宋の詩人・陸游が病床にあるとき、酒を飲み、酔った勢いで筆を走らせ、自ら「青天、霹靂を走らす」と詠んだことによる。のちに、思いがけないこと、という意味になった。

「わが家の大黒柱（だいこくばしら）」と言うときの大黒とは何か？

最近の家には見られないが、昔ながらの民家には、中心にひときわ太い大黒柱があった。

そんな家では、これを黒光りするまで磨きあげていたので、いかにも家を支える大切な柱とわかった。そこから一家の中心、あるいは、会社やチームになくてはならぬ人を大黒柱と呼ぶのだが、では「大黒」とは何か？

これは七福神（しちふくじん）のうちの大黒天（だいこくてん）である。大黒様だ。大黒天はもともと、インドのヒンドゥー教の「台所の神様」だったが、室町時代に日本にやって来てからは、「食べ物の神様」となった。

そして、江戸時代になると、食べ物をそろえ、料理をし、台所を預かる主婦を大黒さんと呼ぶようになった。中心にいて家を切り盛りする人だ。これがヒントとなって、大工の棟梁（とうりょう）たちが、家の中心となる柱を大黒柱と呼ぶようになり、それが回りまわって、現在は家族や会社やチームの中心にいる人を指すようになった。

なぜ、電話をかけるとき「もしもし」なのか？

明治23年（1890）、東京と横浜のあいだにはじめて電話が開通した当時、加入者のほとんどは政府のえらい人や金持ちだったので、上から目線のもの言いで、「おい」とか「おい、おい」と言っていたらしい。

しかし、この年、電話の関係者がアメリカに調査のため派遣され、現地では「ハロー（Hello!）」と明るく軽快にあいさつしているのを聞き、それを日本語でなんと言ったらいいかと考えた。そして、「もしもし」を思いついたという。「もしもし」は、「申す申す」を縮めたもので、「申す」は「言う」の丁寧語である。

男女を問わず、どんな相手にも使えるので、「おい」や「おい、おい」より便利だとなって、電話の普及とともに広まった。使いやすいので、現在までずっと「もしもし」である。

相手の話にうなずく「相槌を□□」の□□に入るのは？

「打つ」だ。農業の機械化が進んで最近は見られなくなったが、昔は、鍬や鎌などの農機具をつくる鍛冶屋が村には1、2軒あった。

鍛冶は2人の職人が交互に槌を打ちおろして、トンカントンカンと熱した鋼をきたえた。交互に打つから相槌である。うまく打たなければ仕事にならない。調子がはずれると危険である。そこから、相手の話を聞きながら、タイミングよくうなずいたり、短い言葉をはさむことを「相槌を打つ」と言う。

昭和の小学校の音楽教科書には『村の鍛冶屋』と言う歌が載っていた。よく歌われていたが、今では知っている人も少ないだろう。

しばしも休まず　槌打つひびき
飛び散る火花よ　はしる湯玉
ふいごの風さえ　息をもつがず
仕事に精出す　村の鍛冶屋

人生は予測不可能という「人間万事塞翁が□」。□は何が入る？

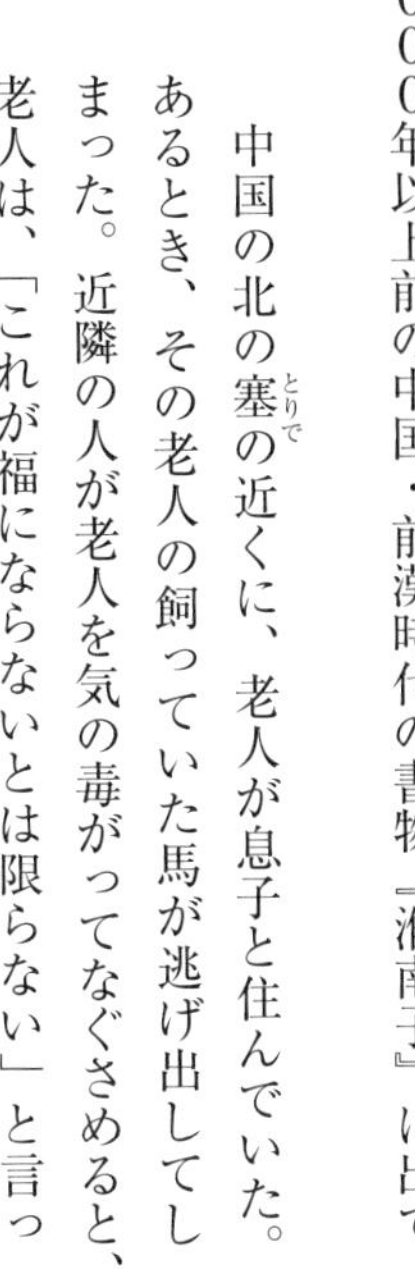

「馬」だ。この故事は、2000年以上前の中国・前漢時代の書物『淮南子』に出てくる話がもとになっている。

中国の北の塞の近くに、老人が息子と住んでいた。あるとき、その老人の飼っていた馬が逃げ出してしまった。近隣の人が老人を気の毒がってなぐさめると、老人は、「これが福にならないとは限らない」と言って平然としていた。

数ヵ月後、その馬はなんともう1頭の馬をともなって戻ってきた。足の速いすばらしい駿馬だ。それを見た近隣の人は、「よかった、よかった」と祝福したが、老人は、「これが禍にならないとは限らない」と言って平然としていた。やがて馬は子を生み数が増えた。

そんなある日、息子が落馬し、足を骨折した。老人の言うとおり、いいことばかりは続かない。

しかし、それから1年後、塞の外の国との戦争が始まり、村の若者は、皆、駆り出され、ほとんど戦死してしまった。だが、落馬して足をけがしていた息子は、戦争に駆り出されなかったので無事だった。

このように、〝人生は何が福になり、何が禍となるかわからない〟というのが「人間万事塞翁が馬」である。

「今度の大河ドラマは珠玉の大作です」は、どこが変？

「珠玉」が変。珠玉は、美しいもの、すぐれたものという意味だが、「珠」は海で採れる真珠、「玉」は山で採れる翡翠などの宝石だから、どちらも、小さくてキラリと光る美しさに値打ちがある。平安初期の『続日本紀』にすでにこの言葉はあり、昔からそのように使われてきた。だから、大きなものや長いものには当てはまらない。珠玉の短編、珠玉の小品、

珠玉の言葉などとは言うが、珠玉の長編、珠玉の大作とは言わない。

「青田刈り（あおたがり）する企業があとを絶たない」はまちがい。なぜ？

「青田刈り」がまちがい。正しくは「青田買い」だ。平成26年（2014）の文化庁の調査によると、この言葉は、31パーセントの人がまちがって覚えているという。

「青田買い」は、豊作なのか、平年並みなのか、それ以下なのかまだわからない、稲が青い段階で収穫量を見込んで買いつけることである。これなら就職戦線の話題に使える。では、「青田刈り」は？

これは戦国時代の戦法のひとつで、敵の城を囲んだ攻撃側が、まだ青い敵地の田んぼの稲を刈り取ってしまうことである。秋の収穫ができなくなるので、城側でそれを見ている兵士は急速に戦意を失った。農民兵がたくさんいたからである。それが青田刈りの狙いだった。

つまり、「青田買い」と「青田刈り」ではまったくちがってくるのである。

千載一遇とは、またとないチャンス。なぜ、「またとない」か？

千載一遇は、「千年に一度、めぐり合えるかどうかの好機」などと辞書に載っているが、とてもとても、そんなものじゃないという異説もある。

江戸時代の和算家（数学者）・吉田光由の『塵劫記』によると、数字の単位は、一万の一万倍が一億、その一万倍が一兆、その一万倍が一京、さらに十京、百京、千京ときて、次が一垓。十垓、百垓、千垓となって、その次が秭、さらに穣、溝、澗、正となり、やっと載である。一正の一万倍だ。一兆は1,000,000,000,000だから0が12個、一載は44個で、千載はその千倍だから47個である。

そのくらい、ほんとに、ほんとに、ほんとに、めったにないチャンスにめぐり合うことが千載一遇である、というのだ。

もちろん、数の単位はそこでおわりでなく、載の上は、極、その上は恒河沙、さらに阿僧祇、那由他と続き、不可思議、無量大数となる。ゆえに一無量大数の0の数は68個だ。名前があるのはここまでだが、さらに、数はいくらでも無限に続く。だから無量大数は無限ではない。よく誤解される。

「部長は馬の耳に念仏ですね」と言ったらムッとされた。なぜか？

言いたいことだけ言って他人の話をまったく聞かない御仁はどこにでもいる。しかもそれが上司だったら、無礼講の酒席で「部長は馬の耳に念仏ですね」と言いたくもなる。が、それはやめたほうがいい。「馬の耳に念仏」は、馬の耳は大きいが、念仏を聞かせてもなんの反応もない。聞こえているのかいないのか、わからない。「いくら言っても効果がない」ということだが、この**馬**が問題である。

なぜなら、「念仏のありがたさがわからない愚か者」の意味があるからだ。年配者はそれを知っているからムッとする。

同じ馬でも「馬耳東風」ならいい。こちらは、春風が吹いても馬はなんの感動もしないということだから、人の意見や批評を気にせず、平然と聞き流すことを言う。痛くもかゆくもない。

「君の批判はいつも的(まと)を得ている」は1字まちがい。どこか?

「的を得て・いる」がまちがい。的は弓の的だから「射・」るである。どの世界にも、いつも正しいことを堂々と主張する人がいる。そうした正論を聞かされると、「あの人の指摘はいつも的を得ている」「彼女の発言は最初から最後まで的を得ている」とつい言ってしまうのかもしれない。が、まちがい。「得る」を使うなら、「当(とう)を得ている」と言うがいい。こちらは、道理にかなっていることだから、正論にはちょうどいいだろう。正論でなくとも、世の中には、核心を突いている意見も多々ある。そのときは「的を射ている」と言う。

気が合うことを「□が合う」と言う。□は何?

「馬」だ。「馬は人を見る」といわれ、乗る人との呼吸が合わないと乗り手をバカにし、落馬させることもある。呼吸が合うと、馬は人の指示によく従い、懸命に走ってくれる。それを「馬が合う」と言う。

動物の知能を推し量る脳化指数で見ると、馬はイヌやネコと同じくらいの知能があり、それゆえ、人間の表情を読み取ることもできる。

人間同士でも、何をするにつけ、気が合ってうまくいく相手とそうでない相手がいる。そうでない場合は、いっしょに行動はできないが、「馬が合う」人なら、おたがいさまの気持ちがあるので、なんでもうまくいく。ケンカになりやすい長旅もＯＫだ。

「おかげさま」は漢字で書くと、お陰様。なぜ陰か？　なんの陰か？

スポーツ大会などで優勝した選手がインタビューを受け、「応援してくださった皆さんのおかげです」と、「おかげさま」を口にするのはよく聞く。テレビで観戦しただけの人も、それを聞いて気分がよくなるのではないか。

「おかげさま」は漢字で「お陰様」。陰はものにさえぎられて光が当たらない（目につきにくい）ところ。

「おかげ」という言葉ができた平安時代で光といえば神仏のことだから、その「陰」とは加護ということ、神仏の助けである。そんなありがたいものだから、「お」と「様」をつけて「お陰様」となった。江戸時代になると、これが、人に対しても使われ、「おかげさま」とおたがいに交わすようになった。

若いスポーツ選手たちも、「おかげさま」を巧みに使っている。私たちも、年齢とともに「おかげさま」「ありがとう」が自然に口をついて出るようにしたいものである。

「敵に□をおくる」の□は何？

「塩」だ。16世紀の戦国時代、川中島の戦いで知られる甲斐の武田信玄と越後の上杉謙信は戦闘をくり返していた。一方で永禄10年（1567）、それまで甲斐に塩を供

給していた駿河の今川氏真が武田氏と反目し、武田領内への塩の輸送をストップした。経済封鎖だ。

日本海側の越後とは交戦中、太平洋側の今川氏は経済封鎖となって、山国で塩を生産できない甲斐の領民は、ひどく苦しむこととなった。越後が、勝敗にこだわるならここで一気に攻め込むところだが、「義」を重んじる上杉謙信はちがった。信玄に手紙をおくり、「塩を絶つとは卑劣なふるまい。自分は兵をもってのみ戦う。ゆえに、越後の塩をおくらせよう」と断言、すぐに3千俵をおくったという。

その後も、越後と甲斐で取引される塩の値段が上がりすぎないよう監視したとされる。このエピソードから、たとえ対立していても、相手が苦境のときは手を差し伸べる、「敵に塩をおくる」という故事になった。

「あの丈夫な部長が病欠とは、鬼の攪乱だ」は、どこがまちがい？

「攪乱」（本来は「こうらん」と読む）がまちがい、「霍乱」である。「鬼の霍乱」は、ふつうの人の病気ではなく、人一倍元気で丈夫な人が病気になったときに使う。霍乱は、もともと漢方医学の用語で、暑気(しょき)あたりのことだ。吐いたりくだしたりする症状で、日射病、熱中症、ときにはコレラのこともある。鬼は、この場合、病気とはまったく無縁で頑強な者という意味。一寸法師(いっすんぼうし)の鬼、桃太郎の鬼、こぶとり爺(じい)さんの鬼、鬼ごっこの鬼など、いろんな鬼がいるが、悪さはするものの皆元気だ。ここではそんな意味で使われている。

値引きすることを、なぜ、「勉強する」と言うか？

勉強とは、学んだり本を読んだりして知識や技術を習得することである。しかし、もとはその字（漢字）のとおり、「強く勉(つと)める」のだから、自分をふるい立たせ困難に立ち向かうことである。

あるいは、気が進まないけれど仕方なくやるという意味もある。それが、知識や技術を得るために学習する、すなわち、学問や知識と強く結びついたのは明治になってからである。ということだから、商人の場合はそれ以前のもともとの使い方をしていて、気が進まないけど自分をふるい立たせ、「さあさあ、おまけだ、持っていけ。勉強だ！」と言っていたのだ。

ついでに、この「おまけ」だが、これは漢字で「御負」である。なんのことかと思うだろうが、字のとおり負けたのである。何に負けたのか？　お客さんとの駆け引きに負けたのである。だから、持っていけ！　だ。

「聞いたふうなことを言う」はまちがい。なぜか？

「きいたふうなことを言う」は会話の中でよく聞く言い回しだが、字で書くと、ほとんどの人が「聞いたふうなことを言う」となる。まちがいだ。

なぜまちがうのかといえば、意味は合っているからである。どこかで聞きかじった話を、いかにもよく知っていることのように話す、という意味。知ったかぶりだ。

正しくは「利いたふうなことを言う」である。「利く」は機転が利く、目端（めはし）が利く、気が利く、目が利く、鼻が利く、顔が利く、口を利くなどいろいろな用法がある。機能があらわれる、よく働く、可能という意味だ。

イエスマンのことを「茶坊主」と言う。なぜ、坊主か？

室町時代から江戸時代にかけて将軍や大名に仕えて茶事をつかさどる者を茶坊主と呼んだ。頭をまるめていたので茶坊主だが、僧ではない。武士だ。子どものころから礼儀作法と必要な教養を教え込まれた武家の子弟である。

信長や秀吉らが茶坊主を側に置いて重用したので、それにならって戦国大名や江戸時代の大名のあいだでも、茶坊主を側近に置くのがはやった。大名の近くにいれば、権力者や、その客として訪れる重要人物と話す機会もあり、人事や政治向きのことに口をはさむ茶坊主もいた。

それを苦々しく思っていた人は、陰で「茶坊主め！」とさげすんだ。

このことから、会社の中でも、上層部にこびへつらうイエスマンをからかい半分に「茶坊主」と呼ぶのである。

「虎の威を借る□」の□に入る漢字は何か？

「狐」だ。「虎の威を借る狐」である。では、キツネはどうやってトラの威を借りたのか？　紀元前3世紀ごろ、古代中国楚の国の昭将軍は他国からひどく恐れられていた。それを知った楚の宣王は、理由は何かと家臣にたずねた。

すると江乙が「こんな話があります」と話した。

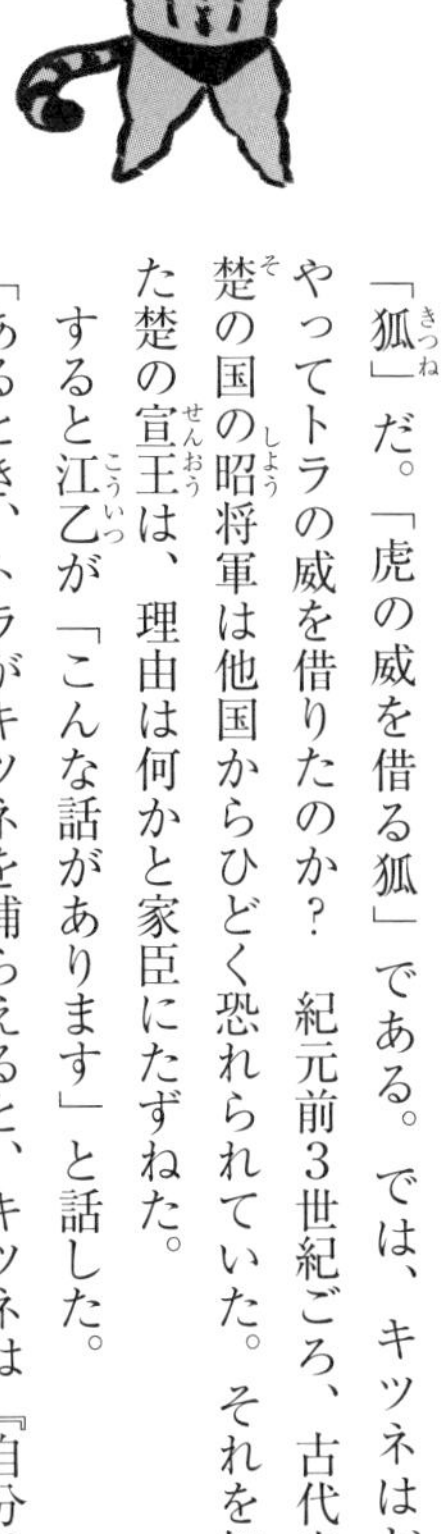

「あるとき、トラがキツネを捕らえると、キツネは『自分は天帝から百獣の王に任命された。自分を食べたら天帝に背くことになる。証拠を見せるので後ろからついてきてほしい。動物は皆、私を恐れて逃げるでしょう』と言った。トラがついていくと、なるほど、動物たちは皆、逃げ出していく。それを見たトラは感心したが、本当は、動物たちはトラを見て逃げたのです」

つまり、他国が本当に恐れているのは、昭将軍の背後にいる宣王であるあなたであって、昭将軍は「虎の威を借る狐」にすぎないと説明したのである。

「汚名挽回」は正しくない。なぜか？

「汚名挽回」は、今、汚名をかぶっている自分を、そうでない自分にしたいということだから、正しくは、「汚名返上」か「名誉挽回」であろう。四字熟語ではないが、「汚名を雪ぐ」でもよい。

「挽回」は、もとへ戻し返すことである。だから「汚名挽回」では、せっかく汚名が消えかけているのに、また汚名に戻るという意味になってしまう。

第2章

仕事をサボってのおしゃべりを、なぜ、「油を売る」と言うか?

「情に棹させば」、なぜ、「流される」か？

夏目漱石の『草枕』は「山路を登りながら、こう考えた。智に働けば角が立つ。情に棹させば流される。意地を通せば窮屈だ」で始まる。

ここで、ふと、（船頭が）流れに棹をさせば（ブレーキがかかって）流されないのではないか、と思うかもしれない。が、まちがい。

なぜなら船頭が棹をさすのは、川底に突き立て、力を入れ、舟を進めたり、向きを変えたりするためで、速度を落とすためではないからだ。だから、「情に棹させば流される」は、情に深入りすると冷静な判断ができなくなるということである。特定の人に気持ちを入れ込むと、ことの本質を見失いやすいと忠告している。

結婚した友人に「喜びも一塩でしょう」は、どこがまちがい？

「喜びもひとしおでしょう」と伝えたくて、一塩としたのだったらまちがい。パソコンの漢字変換辞書に「一塩」があるので誤変換したのだろうが、正しくは「一入（ひとしお）」である。

入を「しお」と読むのは意外かもしれない。「程度が一段、上」といったニュアンスで使うので「喜びがひときわ大きい」という意味になる。この言葉はもともと、染色の用語で、染料に布をひたす回数を数えるのに使っていた。1回ひたすことを一入、2回は再入（ふたしお）、3回は三入（みしお）、何回もひたすのは八入（やしお）と称し、一入ひたすごとに布の色が濃く深くなっていった。そこから、「よりいっそう」「ひときわ大きく」と広がった。

「ごますり」と同じ意味の四字熟語は、内□膏薬。□は何が入る？

「内股膏薬」だ。「うちまたこうやく」である。内股は股の内側、膏薬は貼（は）り薬（ぐすり）だ。昔は着物だったので、股の内側に貼った膏薬は、あっちにペタ、こっちにペタとくっつく。そこから、そのときそのときで、自分の都合のいいほうにつく人という意味になった。ごますりだ。ごまは、実をすり鉢ですって使うが、そのとき、鉢のくぼ

みの、あっちについたりこっちについたりで、なかなかうまくいかない。そこで、あっちについたり、こっちについたり、自分の都合で相手にへつらう人という意味になった。

ちなみに、「ごますり」を外国語ではどう表現しているか？

英語は「イエスマン」、韓国語は「手相をなくす」、フランス語は「相手の靴を磨く」、スペイン語は「相手の靴をなめる」、ドイツ語は「自転車をこぐ」などだ。韓国語の「手相をなくす」は、手のしわがなくなるほど手をもんですり合わせるということ。また、ドイツ語の「自転車をこぐ」は、その様子が頭をペコペコしているように見えるからだという。

「娘十八、番茶も出花」は、まちがい。どこか？

「娘」がまちがい。正しくは「鬼も十八、番茶も出花」である。

「鬼」とは、取り立てて美人とはいえない女性のことを大げさにあらわしたもの。

「番茶」は、煎茶(せんちゃ)用の新芽や若葉などのやわらかい葉を摘(つ)んだあとに残った葉でつくった、ふだん用の茶葉だ。上等ではない。

「出花」は湯を注いだばかりの香り高いお茶である。

以上をまとめると、この言い回しは、どんな女性も娘盛りの18歳のころは美しくかわいらしい、魅力的だとなる。だから、つい、「娘十八……」と言ってしまうのだが、まちがい。

なぜ、捨てることを「おはらい箱」と言うか？

おはらい箱を漢字まじりで書くと「お払い箱」となるが、もともとは「お祓(はら)い箱」である。なぜならこの箱は、お伊勢参(いせまい)りが盛んだった江戸時代に、各地の神社の神主(かんぬし)さんが、年の暮れに、お祓いをすませたお札(ふだ)を入れて各家に配ったものだからである。神聖な箱だ。

それがなぜ、「捨てる」と、神聖とは反対の意味になったか？

それは毎年、年末になると、新しい「お祓い箱」が来るからである。古い箱はお役御免になる。しかし、せっかくの箱を捨てるのはもったいない。ということで、いらなくなったものを入れる箱に使った。これが「おはらい箱」だ。

なぜ、ウソを言いふらすことを「ほらを吹く」と言うか？

ほらを吹くの「ほら」は、ほら貝のことである。ほら貝は、テレビや映画で、戦国武将や山伏が、「プオォ〜〜〜〜」と吹いている、アレだ。大きな巻貝に口金をつけ、音が出るようにしたものである。

武将が戦場で吹いたり、山伏が山岳で吹き鳴らしたりするのだから、その音は四方八方遠くまで響き渡るほど大きい。そこから「大げさに言うこと」となり、大げさに言えばハッタリやウソもまざるから「ウソを言いふらす」という意味に広がった。

実際、山伏はときどき里におり、ほら貝を吹いて客をあつめ、薬と称してあやしげなものを売り、予言者風の大げさな話をして人をたぶらかすことがあった。そうした行ないもほら貝と結びつき、「ほらを吹く」となったのである。

「猫も杓子（しゃくし）も」は、なぜ、「誰もかれも」か？

「わが社の上層部は、猫も杓子もゴルフ好き」というふうに使うが、一説では、このネコはネコの前足だという。ネコはネコパンチをくり出したり、顔を洗ったりと、前足を人間の手のように使う。「猫の手も借りたい」という言葉もある。では、杓子は何かというと、これは茶碗にごはんをよそう「しゃもじ」である。その形を小さくするとネコの前足そっくりになる。だから、「猫も杓子も」は「ネコ（の前足）も」「その形がネコの前足そっくりの杓子も」ということで、「何もかもすべて」「誰もかれも」という意味になった。

仕事をサボってのおしゃべりを、なぜ、「油を売る」と言うか？

灯台（とうだい）や行灯（あんどん）など江戸時代の照明道具は、ろうそくや油を燃やして明かりを取った。

灯台は支柱の上の皿に油を入れ灯心を燃やした。「灯台下暗し」の灯台だ。行灯は、ちょうちんのように回りを紙で囲ったもの。

これらの油を売って歩くのが油売りだが、売るといっても、油はトロリとしているので、枡から客の器に移すのに時間がかかる。酒のようにサッとはいかない。また、さっさと切りあげると客に「ケチった」と思われるので商売上よろしくない。そこでおしゃべりしながら器に最後の一滴が落ちるまで待った。

このように本当は、仕事熱心であるがゆえのおしゃべりだったのだが、端からは仕事中にムダ話に興じ、時間を浪費しているように見えたことから生まれた言葉である。

年齢を若く言うことは「□を読む」。□は何？なぜ□？

「鯖」だ。「鯖を読む」である。いい加減に数えることだが、なぜサバか？

サバは昔からたくさん獲れる大衆魚だったが、「鯖の生き腐れ」と言われるほど鮮度が急速に落ちる。

そこで、冷蔵技術のなかった昔は、魚市場で「ひとや、ひとや、ふたや、ふたや、みいちょうや、みいちょうや」と早口で数えながらポンポン箱に投げ込んだ。しかし、買ったサバの数をあとで数えると、ちがっていることがよくあり、たいてい少なかった。そこから実際より少なめに数えることを「鯖を読む」と言った。

「読む」というのは選挙の「票を読む」と同じで、数えることである。「鯖を読む」は実際より少なめに数えることだが、多めのばあいは「逆鯖」と言う。「ぎゃくさば」だ。あまり使われないが言葉はある。

魚の漢字。いくつ読める？

1. 鯵　2. 鰯　3. 鮭　4. 鮪　5. 鰹　6. 鮫　7. 鰆　8. 鯒　9. 鰻
10. 鯔　11. 鯊　12. 鯛　13. 鯉　14. 鰊　15. 鱸　16. 鰍　17. 鰈　18. 鯖
19. 鱈　20. 鮹　21. 鯰　22. 鱚　23. 鱒　24. 鱧

答えは以下のとおり。

1. アジ　2. イワシ　3. サケ　4. マグロ　5. カツオ
6. サメ　7. サワラ　8. コチ　9. ウナギ　10. ボラ　11. ハゼ　12. タイ
13. コイ　14. ニシン　15. スズキ　16. カジカ　17. カレイ　18. サバ　19. タラ

20. ドジョウ　21. ナマズ　22. キス　23. マス　24. ハモ

漢字でクジラは鯨。哺乳類なのに、なぜ、「魚」に「京」か？

クジラは哺乳類だが、「鯨」の字がつくられた昔はまだ魚だと思われていた。同じような例はほかにもある。ワニだ。気候が温暖だった昔は、揚子江にワニがおり、スイスイ泳いでいた。そこで魚の仲間だと思った中国人は、「鰐」という字を考えた。

クジラに話を戻すが、なぜ、「魚」に「京」か。京は数字の単位で兆の1万倍だから、ものすごく大きい。そこで、ものすごく大きい魚、つまり「鯨」となった。

クジラは最も大きい哺乳動物だが、最大のシロナガスクジラで、大きいものは体長が34メートル、重さは180トンほどもあるという。体重60キログラムの人間3千人分くらいである。

そこで気になるのは餌だが、実は、オキアミや小魚などの小動物を大量に食べる。やがて小動物を食べたクジラの排泄物は海面に浮く。そこに日光が当たり、植物プランクトンが増える。すると、植物プランクトンを餌にする動物プランクトンがあつまり、それを食べるオキアミや小魚などの小動物がどんどん増える。それがまたクジラのエサになる――壮大な循環が機能しているのだ。

「たらふく食べる」の「たら」は魚のタラ。なぜか？

タラはものすごい大食いの魚である。捕まえたタラの腹を割（さ）くと、１００種類以上もの魚、エビ、カニ、イカ、タコ、カイが出てくることも珍しくない。体長は１メートル以上あり、その３分の２くらいもの餌を飲み込んでいる。やた・ら・と腹につめ込んでいるわけである。だから「たらふく」だ。

なぜ、タラはそんなに食べるのか？　それは水深２００メートル以上の深海にいる魚だからである。深海は餌になる魚介類があまりいないので、チャンスがあれば、とにかく食って食って食いまくるのである。

太ってまるい相撲取りは「あんこ力士」。「あんこ」とは？

肉付きがよくてまるく、ぽっちゃり体形の相撲取りを、あんこ力士と呼ぶ。昔の大乃国や小錦がそうだ。今なら逸ノ城など。大乃国などは「あんぱん」を連想させたので、あんこは、なんとなく「餡（あんこ）」のことだと思うかもしれない。が、それはまちがい。

深海魚の「アンコウ」である。その姿は、頭と目が大きく、しっぽのあたりが細くなった奇妙な形である。この「あんこう力士」が「あんこ力士」となったのだ。

食用にするアンコウはメスで体長1メートルくらい。もっと大きいものもいる。深海魚だからほかの魚を食べているが、海面まで来て海鳥を食べることもあり、腹を割くとカモメやウミガラス、ペンギンが出てくることもある。

アンコウの肉は美味で高級食材である。深海魚のため、グニャグニャ、ニュルニュルしているので、まな板の上ではなく、吊るして口から水を入れてさばく「吊るし切り」をする。味はフグに似ているが、

もちろん毒はない。

「鍋の煮えたもご存じない」は1字まちがい。どこか？

「鍋」がまちがい。「芋の煮えたもご存じない」だ。

イモは、どの種類も、どんなにやせた土地でも育ち、栄養価は高く、値段は安いので昔から庶民の食べ物だった。ほとんど毎日食べていたから、イモが煮えたかどうかは、箸を刺せばわかることくらい誰でも知っている。

ところが、それを知らない人がいる。台所に立ったことがない嬢ちゃん坊ちゃんだ。で、この言葉は、そんな嬢ちゃん坊ちゃんの「世間知らず」をからかっているのである。

「鯉の滝登り」と言うが、本当に、コイは滝を登るか？

5月の鯉のぼりは男の子の成長を願って立てられる。なぜ、コイか？　それは、中

国の『後漢書』にある「黄河の上流にある竜門の滝を、いろんな魚が登ろうとしたが果たせず、コイだけが登りきって竜に出世した」という「鯉の滝登り」の故事があるからである。

　では、本当にコイは滝を登るかというと、丈夫でとびきり元気がいいのは事実としても、さすがに滝は登らない。魚の専門家によると、コイは滝があるような冷たく澄んだ水を嫌い、濁った池や沼に棲むので、「及ばぬ鯉の滝登り」が事実である。

　では、滝を登る魚はいるのかというと、それは、いる。

　ウナギだ。日光の中禅寺湖にいるウナギは、海から川に入り、垂直150メートルの華厳の滝を登ってたどり着くのである。それしかルートがないのだから、まちがいない。

　では、どうやって登るのか？

　胸びれをペタッと開いて岩に吸着させ、ゆっくりくねくね登るのである。その吸いつく力は非常に強いといわれる。

フグのちり鍋を、なぜ、「てっちり」と言うか？

フグ料理屋は、フグの背びれのあたりが鉄のような色をしているから「鉄ちり（てっちり）」だと思うかもしれないが、事実はちがう。

調理法が今ほど厳しく管理されていなかった江戸時代は、フグにあたって死ぬのは珍しくなかった。そこで「あたれば死ぬ」というナゾかけから、フグを鉄砲と呼んだ。だから、「鉄ちり」の「鉄」は、鉄砲（フグ）の「鉄」である。

では、ちりとは？

これは、幕末に長崎にいた西洋人が、魚の刺身が生臭くて食べられないと言うので、タイやヒラメなど白身の魚を煮立った湯に浸け、熱を通して「ちりっ」とさせてから醤油（しょうゆ）で食べていた。その調理法を、魚ごとに、「タラちり」「タイちり」、そしてフグは「てっちり」と呼んだのである。

うまい話は「鴨葱（かもねぎ）」だ。なぜ、「カモ」と「ネギ」か？

野生のカモの肉は脂（あぶら）っこくて、そのままでは味にちょっとクセがある。そこで、ネギと合わせて風味を出すのだが、これが実によく合い、独特のうま味が出る。ここから、ただでさえうまい話にさらに好条件がつくようなとき、「鴨が葱を背負（しょ）ってきた」とか、「鴨葱」と言う。

現在では、カモと称して市場で流通しているのは、アヒルやアイガモがほとんどである。アイガモは、アヒルとマガモからつくった交配種である。もちろん、シーズンには野生のマガモが出回ることもある。アヒルでわかるように、野生のカモも逃げ足は速くない。飛び立ったところをズドンだ。いとも簡単に獲れることから、勝負事でたやすく勝てそうな相手を「鴨にする」とか「いい鴨」という。

ゴボウ料理の「きんぴらごぼう」は、なぜ、「きんぴら」か？

「きんぴらごぼう」は、ゴボウをせん切り（ささがき）にし、ごま油で炒め、醤油と砂糖で煮つめたあと、きざみトウガラシをかけたもの。そして「きんぴら」は、漢字では金平と書き、鬼の化身、大江山の酒呑童子退治で有名な、平安時代の武将・坂田金時（実在は疑わしい）のことである。

金時が、なぜ金平になったかというと、江戸時代のはじめ岡清兵衛という人が、この話をもとに坂田金平という主人公が活躍する浄瑠璃をつくり、人気を博したからだ。

坂田金平は坂田金時の息子という設定だった。そこで当時、なんにでも「金平」とつけるのがはやった。金平たび、金平もち、金平のり、金平むすめ、金平人形、金平ちょうちん、金平はちまき……、金平ごぼうもそのひとつ。食べると精がつくというので人気だった。

関心を持つことは「□指が動く」。□は何が入るか？

親指でも中指でも薬指でもない。「食指〈しょくし〉が動く」だ。

食指は人さし指である。なぜ、食指が動くと、ほしがること、関心を持つことにな

るのか？　それは次の故事からきた。

周(しゅう)の時代、楚(そ)の人が鄭(てい)という国の霊公(れいこう)にスッポンを献上した。霊公には宋(そう)という息子がいたが、ものすごく縁起をかつぐ人で、自分の食指（人さし指）がピクピク動くと、その日は必ずごちそうにありつけると信じていた。スッポンを贈られた日は、霊公を訪問する予定だったので家を出ると、食指がピクピク動いた。何かごちそうがあるのではないかと宮殿に行くと、案の定、スッポンが料理されているところだった。

話はこのあとも続くのだが、省略。この故事から、ごちそうに食欲がわいてくること、ものをほしがること、さらに広く関心を持つことを「食指が動く」と言った。「部長は新規取引先を開拓しようとA社に食指を動かしている」という具合に使う。

「デパ地下の夕刻は搔(か)き入れ時(どき)」は1字まちがい。どこか？

「搔き入れ時」がまちがい。「搔く」というのは熊手(くまで)（竹でつくった先端が曲がった

ほうき）などで、ものを手前に引きよせることである。商売繁盛で客を引きよせるのだからいいのではないかと思うかもしれないが、まちがい。正しくは「書き入れ時」である。パソコン入力の変換もそうなっている。なぜか？

それは、これが江戸時代にできた言葉だからである。江戸時代の商家は掛売（かけう）りだったから、客に何をいつどれだけ売ったかを帳面に記録した。それをもとに、年末にまとめて代金を回収するのである。だから、商売繁盛のときとは、帳面に書き入れるのに忙しいとき、つまり「書き入れ時」である。

この帳面は、商家にとって大切な財産である。このため、店（たな）の土間には井戸が掘ってあった。火事のときに帳面を放り込むためである。灰になったらおしまいだが、濡れただけなら記録は残るから。

「いいあんばい」は漢字で「いい塩梅」。なぜ、塩と梅か？

「店を出たら、いいあんばいにタクシーが来た」「いいあんばいに雨があがった」「お体のあんばいは、いかが？」などの「あんばい」は、漢字で書くと「塩梅」だが、な

ぜ塩と梅か？　それは、これがもともとは料理用語で、吸い物や汁に塩と梅酢（うめず）で味付けをしていたからである。塩と梅酢をどう加減するかで、ウマイ、マズイが決まり、そのことを「塩梅（えんばい）がいい」「塩梅が悪い」と言った。この「え」が音（おん）転化（てんか）（発音が変わること）し、「あんばいがいい」「あんばいが悪い」となり、「ほどあいがいい」「ほどあいが悪い」と、体の具合、タイミング、都合の善（よ）し悪（あ）しなどに広げて使われるようになった。

「あなたの料理は素人（しろうと）はだしね」は、どこが変？

「はだし」は、裸足（はだし）で逃げ出すという意味だから、この場合は、「玄人（くろうと）はだし」と言うべきである。プロの料理人（玄人）も裸足で逃げ出すほど上手、ということだ。

玄人の「玄」は、中国の老荘（ろうそう）思想で「奥深く深遠（しんえん）な道理」のことだから、玄人はその道に熟達した専門家である。では、専門家でない人は、なぜ素人か？

それは、玄人の「くろ」に対し、そうではないことから「しろ」としたからだ。「黒白（こくびゃく）をつける」というように、昔から、黒と白は対比されてきた。すなわち、玄人の「くろ」に対して「しろ」だから、「しろうと」となって、素人の字が当てられた。

「彼のすごい食べっぷりはまさに牛飲□食」だ。□は何？

「馬」だ。「牛飲馬食〈ぎゅういんばしょく〉」である。牛が水を飲み、馬がまぐさを食べるように、大量の酒食を取ることである。

ところで、人はご飯やパン、野菜、卵、肉、魚など、いろんなものをバランスよく食べなくてはならないが、牛や馬は「牛飲馬食」だとはいえ、ほぼ草しか食べない。にもかかわらず、なぜ、あんなに大きくて元気なのだろうか。

その秘密は、胃や腸に棲息(せいそく)しているものすごい数の微生物（細菌）にある。1立方センチメートルあたり100万個以上といわれ、その微生物の働きにより、草から効率よくタンパク質などを取り出している。また、どんどん増え続けるので、この微生物も栄養になり、外から動物性の食べ物を取る必要がない。このように自分の体の中で十分栄養補給ができるので、大きくて元気なのである。

取り返しがつかないことは「覆水□に返らず」。□は何？

「盆」だ。「覆水盆に返らず」である。この故事は、中国の説話をあつめた『拾遺記』（4世紀ごろ）の話がもとになっている。

のちに、太公望と呼ばれ、周の文王の先生となる呂尚は、若いころは本ばかり読み、貧乏のどん底生活だった。そんな呂尚に業を煮やした妻の馬氏は家を出てしまった。

独りになった呂尚は、なお読書を続け、やがて文王に見いだされる。そして、トントン拍子で出世し、やがて斉の王となった。そんな呂尚のもとに、元妻の馬氏が復縁を頼みにやって来た。

すると呂尚は、盆の水を地面にこぼし、馬氏に水をもとに戻すように言った。しかし、馬氏が戻すことができたのは、少しばかりの泥水だった。そこで呂尚は、「こぼした水はもとの器に戻すことはできない」（覆水盆に返らず）と言い、馬氏を諭した。

中国の盆は、日本の盆とちがい、洗面器のような器である。

第3章

「雷様（かみなり）におへそを取られる！」は、なぜ、へそか？

「コロンブスの□」は「逆転の発想」。□は何が入るか？

「コロンブスの卵」だ。アメリカ大陸を発見したコロンブス（彼はインドだと思っていた）が帰国すると、「新大陸発見」の凱旋祝典が催された。

しかし、その席にはコロンブスの成功を祝福する人だけでなく、妬む人も多く出席し、彼らは、「西にどんどん行けば陸地に行き当たる。それだけのことじゃないか」と声高に批判した。

これを聞いたコロンブスは、やおら立ち上がり、テーブルの上のゆで卵を手に取って、「この卵を机の上に立ててください」と彼らに言った。しかし誰もできなかった。

そこでコロンブスは、卵の先のとがった部分をグシャッと割って、卵を立ててみせた。人々は、「割って立てるなら、誰でもできる！」と怒ったが、コロンブスは「おっしゃるとおりです！　人のやったあとなら、誰でもできる。新大陸の発見も同じことです」と言ったという。

ここから「コロンブスの卵」は、人の考えないことを考える「逆転の発想」こそが、大発見や大発明につながる、という故事となった。

「雷様におへそを取られる！」は、なぜ、へそか？

現代では避雷針（ひらいしん）があるので、雷に直撃されることはまずない。それでも、稲光（いなびかり）が走り雷鳴がとどろくと、こわい。昔は、避雷針がなかったから、もっとこわかった。だから天（神）の怒りが炸裂（さくれつ）したと考え、「神鳴（かみな）り」と称した。雷の語源である。

野山にいて雷に遭遇したら金属類は体からはずし、傘や釣竿などは投げ捨てろと言われるが、実際はそんなことでは防げない。人体の70パーセントは水だからである。水は、電気を通す。

そして、木陰に入るのも危険である。高い木にも雷は落ちるからだ。そんなときは、くぼ地にしゃがんで難を逃れるしかない。

ところで、子どものころ「雷様におへそを取られる」と言われたことがあるだろう。なぜ、へそか？

それは、夕立（雷雨）のあとは急に気温がさがるので、裸のままでいるとおなかが冷えるという戒め（いましめ）からである。昔の子どもは、夏は裸で走り回っていた。

「風邪をひいて一晩中熱にうなされた」は、どこが変？

「熱にうなされた」が変。「うなされる」は、眠ったまま苦しそうなうめき声をあげることだが、その原因は悪夢である。漢字にすると「魘（うな）される」で、厭（いや）の下に鬼と書くから、きわめて不快な体験をあらわしている。しかも、悪夢はくり返し見る。

では、熱はどうか？

こちらは「熱に浮かされる」が正しい使い方である。そのとき声の出ることもあるが、それはうわ言で、悪夢のうめき声とはちがう。高熱も悪夢も不快だが、悪夢がくり返しあらわれるのに対し、高熱は、やがて消える。消えたあとはケロッとしている。だから「熱にうなされる」は変なのである。

自分で自分をほめる「自我自賛」は、どこがまちがい？

正しくは「自画自賛（じがじさん）」だ。画は、掛け軸や屏風（びょうぶ）に描いた絵。賛は、その絵にそえる詩文である。ふつう、絵を描く人と詩文をそえる人は別で、絵ができあがったあと、その絵を鑑賞し、詩文をそえる。その詩文を他人に任せずに自分で書くというのだから、絵に対する批評眼は、いくら自分に厳しい人でもゆるくなる。

そこから、自分の作品を自分でほめる、自分を自分でほめるという慣用句となった。

「自画自賛」がすぎると「我田引水（がでんいんすい）」となり、さらに進むと「自縄自縛（じじょうじばく）」となる。

驚き感心することを「舌を巻く」と言う。なぜ、巻くか？

紀元前3世紀、中国をはじめて統一した秦（しん）の始皇帝（しこうてい）は、農業・医学・占いに関するもの以外の書物を焼き払い、儒教（じゅきょう）の学者を生き埋めにする「焚書坑儒（ふんしょこうじゅ）」という思想弾圧を行なった。このため、学者たちは本を持って地方に逃げた。逃げなかった人も難

を恐れて口をつぐんでしまった。

これについて『漢書揚雄伝』に、「談ぜんと欲するものは舌を巻いて声を固くす」という記述がある。非常に驚いて（舌を巻いて）だまり込んでしまった（声を固くす）のである。

舌には言葉という意味もあり、巻くは「旗を巻く」「しっぽを巻く」の巻くなので、降参する、役に立たなくなるということ。確かに、ひどく驚いたり感心したりすると、言葉が出なくなることがある。

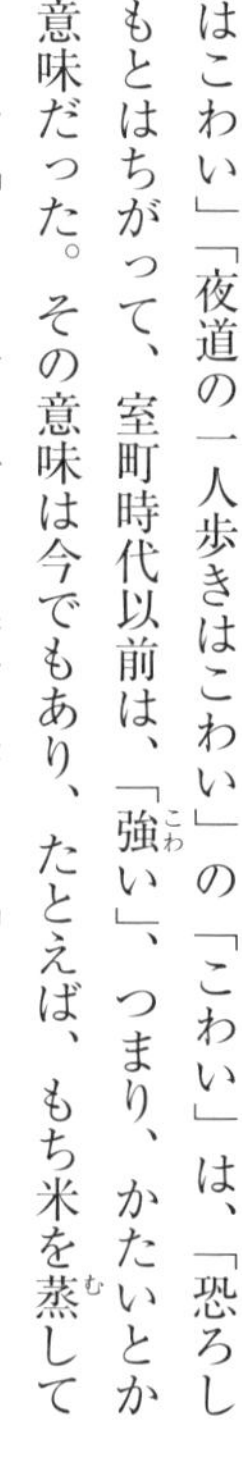

恐ろしいことを、なぜ、「こわい」と言うか？

「夜、お墓に行くのはこわい」「夜道の一人歩きはこわい」の「こわい」は、「恐ろしい」ことだが、もともとはちがって、室町時代以前は、「強い」、つまり、かたいとか弾力性がないという意味だった。その意味は今でもあり、たとえば、もち米を蒸してつくった赤飯はかたいので「おこわ」と呼ぶ。漢字で書くと「御強」だ。

では、なぜ、「こわい」が「恐ろしい」という意味になったか？

それは、人は恐ろしい目にあうと、いつでも逃げ出せるようアドレナリンが出て心臓がドキドキし、筋肉がかたくなるからだ。からだ全体が「強く（かたく）」なる。そのため、「恐ろしい」は「こわい」となった。

自立してない子を「親のすねかじり」と言う。なぜ、「すね」か？

かじるところは腕とか肩、腰、尻と、いろいろあるのに、なぜ、「すね」かという素朴な疑問である。なぜか？　実は、今はほとんど聞かないが、昔は、「腕一本脛一本」という慣用句があった。財産もなく、援助してくれる人もなく、自分の力だけで生きていくということだが、腕は仕事の「腕」、脛は歩き回る「足」だから、どちらも働くという意味がある。また、貧乏のどん底にあって死にもの狂いで働くことを「脛から火を出す」と言ったが、この「すね」にも働くという意味がある。というわけで、「親のすね」は、

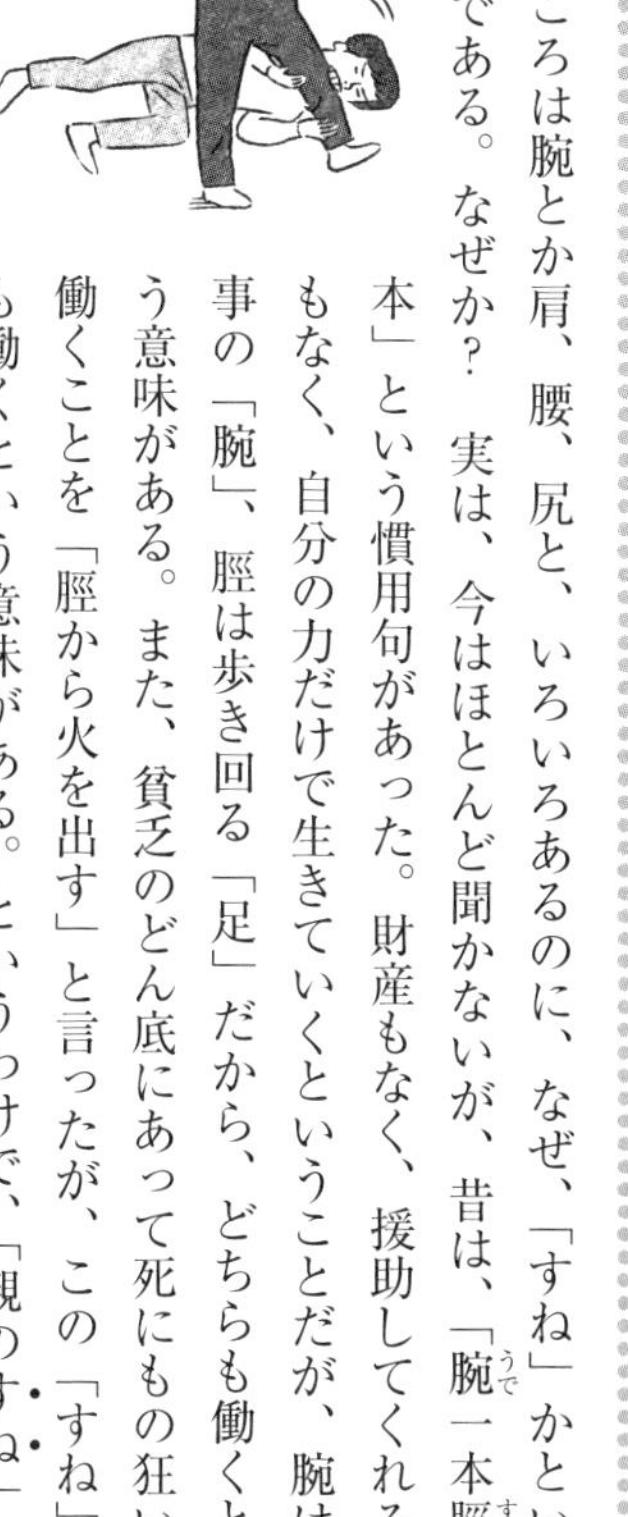

「親の働き」であり、それをかじり取るから、「親のすねかじり」と言うのである。

外ではおとなしいのに家で大威張りなのは「□弁慶」。□は何？

「内」弁慶だ。陰弁慶とも言う。

伝説によると、比叡山の僧兵だった武蔵坊弁慶は乱暴者だった。京で千本の刀をうばおうと、道行く人をおそって９９９本あつめたところで、牛若丸（源　義経）と五条大橋で出くわした。挑みかかるが返り討ちにあったという。降参した弁慶は義経の忠実な家来となり、平家討伐で八面六臂の活躍をする。

その後、兄・頼朝と対立した義経が京から奥州　藤原氏のもとに逃避行するあいだも知恵と腕力で義経を助けた。そして、最後まで義経を守り、衣川の戦いで敵の矢を浴びて立ち往生（戦死）する。

そんな弁慶は、「強いもの」の代名詞となっている。家にいるときは弁慶のように元気なのに、外に出ると「借りてきた猫」のようになってしまう人を「内弁慶」と称する。

「借りてきた猫のよう」と言う。なぜ「借りてきた」か？

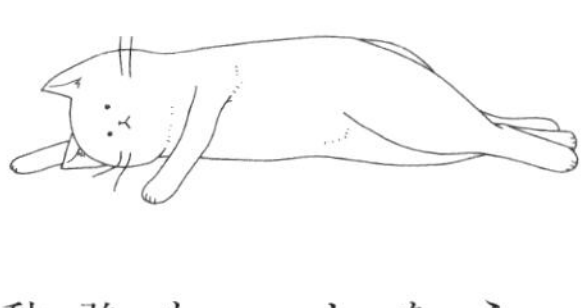

「借りてきた猫のよう」とは、家では元気なのに、よそではウソのようにおとなしい人という意味で、もともとはネズミ退治のためにネコを借りても、役に立たないことから出た言い回しである。昔は、ペットというより、ネズミ退治のためにネコは飼われていた。

特に農家では、ネズミの被害が深刻だったので、ネコのいない農家も、よそのネコを借りてきて退治させようとした。しかし、ネコには強固な縄張りがあるので、その外に出るとネズミ捕りはもちろん、活動すらしないこともある。おとなしくなってしまうのだ。

「気が置けない人と旅行すると疲れる」は、まちがい。なぜ？

平成18年（２００６）の文化庁の調査によると、「気が置けない」をこの見出しの

ように「相手に気配りや遠慮をしなくてはならない」という意味で使う人は48・2パーセントで、「相手に気配りや遠慮をしなくてよい」の人は42・4パーセントとあるから、だいたい半々である。

もちろん正解は、「気が置けない人との旅行は疲れない」か、「気が置ける人との旅行は疲れる」である。

ここで気になるのは、「気が置ける」という言い方があるかどうかだが、ある。

文化庁のホームページによれば、森鷗外の『青年』に、「あのお雪さんは度々この部屋へ来た。いくら親しくしても、気が置かれて、帰ったあとでほっと息を衝く。あの奥さんは初めて顔を見た時から気が置けない。この部屋へでもずっと這入って来て、どんなにか自然らしく振舞うだろう。何を話そうかと気苦労をするような事はあるまい」（傍点、ルビは筆者）とある。

これは「気が置ける」を、「相手に気配りや遠慮をする」として使っている。つまり、見出しのようにまちがう人が多いからといって、それなら、それでかまわないとはならない。まちがいはまちがいである。

「孫の手」はもともとは「麻姑の手」だが、「麻姑」とは？

中国の西晋時代（3〜4世紀）の『神仙伝』によると、漢の桓帝の時代に麻姑という若い仙女がおり、長く鋭い爪を持っていて、その爪で掻いてもらうとなんとも言えず気持ちがよかったという。そこから中国では背中を掻く棒を「麻姑の手」と呼んだ。

それが、日本では「マゴの手」と音が濁り、その音に「孫」の字が当てられた。「孫の手」という言葉の誕生だ。

江戸時代の井原西鶴の『西鶴諸国咄』にも、孫の手は、自分の思いどおりのところを掻くことができるので便利だと書かれている。

背中を掻くこうした道具は、日本や中国だけでなく、ヨーロッパでも重宝されていて、英語、ドイツ語などにもそれぞれ独自の単語がある。なぜなら、どの国も昔は衛生状態が悪く、さらには、毎日、下着をかえる習慣もなかったうえに、ノミ、シラミが多かったので、人々は、毎日、痒かったからである。

「寝耳に水」は不意のできごとに驚くことだが、なぜ寝耳？

寝ているとき耳の穴に水が入ったら、それは、驚くだろう。しかし、そんなことは、いたずらでもなければ、まずありえないことだし、そんな悪質ないたずらは誰もがするようなことではないだろう。だとしたら、本来はどういうことだったのか？

真相は、寝ているときに水の音が聞こえたのである。

治水がしっかりしていない昔は、大雨で川が氾濫（はんらん）することは珍しくなかった。うかうかしていると洪水に巻き込まれる。水の音の異変に気づいたらすぐ逃げなくてはならない。だから、雨が降ると神経が張りつめる。寝ていても緊張が続く。

そこに、いつもとはちがう水の音が聞こえる。「寝耳に水」だ。それっ！　と起きあがる。そこから、不意のできごとにビックリ仰天するという意味になった。

「疑心暗鬼（ぎしんあんき）を抱く」はどこがまちがい？

人は一度だまされると、次は、まずだまされない。疑ってかかるからだ。用心深くなる。この疑ってかかる心を「疑心暗鬼を抱く」と言ってしまうことがあるが、それはまちがい。

「疑心暗鬼を生じる」だ。「疑いを抱く」という言い方があるので、「疑心暗鬼を抱く」と言ってしまうのだが、「疑心暗鬼を生じる」でなくてはならない。

心の中に疑いを持つと、暗やみの中に、ありもしない鬼の姿が生じる、ということだからだ。本当は何もいないのに暗い中に鬼が見えてしまうのである。

なぜ、「目からうろこが落ちる」と言うのか？

『新約聖書』に、「……すると、たちまち目からうろこのようなものが落ち、サウロは元どおり見えるようになった。そこで、身を起こして洗礼を受け、食事をして元気を取り戻した」という一節がある。「目からうろこが落ちる」は、ここからの言葉。

あるきっかけから、視野が開け、本質が見えるようになることだ。サウロというのは『新約聖書』の著者の一人、パウロのユダヤ名である。彼はユダヤ教徒だったので、

はじめ、キリストを迫害する側だったが、ダマスカスに向かう路上で、復活したキリストに「なぜわたしを迫害するのか」と問われ、とつぜん目が見えなくなった。

その後、彼はキリスト教徒のアナニアという人に出会う。アナニアはパウロに親しく呼びかけ、彼のためにお祈りをささげた。するとパウロの目からうろこのようなものが落ち、目が見えるようになった。

こうしてパウロはキリスト教徒になった。これは「パウロの回心」と称され、紀元34年ごろのできごととされている。

一生に一度の出会いは□期□会。□に入るのは何？

「一」だ。「一期一会」、「いちごいちえ」と読む。「あなたとお会いしている今この時間は、もう二度とめぐってこない。だから、精一杯のおもてなしをしたいと思います」という、千利休の茶道心得だ。

利休の弟子・山上宗二の『山上宗二記』に、「一期に一度の参会」と書き留められている。茶の湯の会は、これから先、何度もあるとしても「今このときの、この会」は、生涯ただ一度のものである。そう心に決めて、悔いのないよう客をもてなしなさいという教えで、そこから、人と人との出会いも生涯一度限りのものと決めて大切にしなさいと、この言葉はよく使われる。

「一期」は一生涯、「一会」は一度の出会いだ。「一期一会のつもりでこのお話は進めさせていただきます」「一期一会のこのひとときを大切に」。作家・井上靖には、『わが一期一会』という著作もある。

見たふりをすることを、なぜ、「白河夜船」と言うか？

江戸時代の俳諧の本『毛吹草』に「白河夜船」の語源が載っている。

京都見物に行ったという人が、仲間に得意げに話をしていた。今とちがって昔の京都見物は金も時間もかかる大旅行だった。どうしても自慢話になる。そこで、そばで聞いていた男が、「で、白河はどうだった?」とたずねた。するとその人は、「いやあ、あの川は夜、舟で通っただけなのでよくわからなかった」とすまして答えた。

実は、白河は地名で、川の名称ではない。そのひと言で、この人の京都への旅はウソだとバレてしまった。この話から、実際に見ていないのに見たふりをすることを「白河夜船」と言う。また、ぐっすり寝込んで何も気づかないことも言う。

「小股(こまた)が切れ込んだいい女」は正しくない。なぜか?

正しくは、「小股が切れ上がったいい女」だ。どんな女性かというと、着物姿で、腰の位置がやや高く、すらりとした足が伸び、裾(すそ)さばきがきれいな人である。着物の着こなしがうまいわけだ。しかし、そこに上品さは強調されておらず、軽快な色気と何気ない自然なふるまいが好まれたようだ。だから良家の子女には当てはまらない。

どちらかといえば、下町育ちで嫌味のないしなやかな女性である。姿もさることながら、気っ風(きっぷ)も併せて「小股が切れ上がったいい女」ということになりそうだ。

不機嫌なことを「虫の居所が悪い」と言う。なぜ、虫か？

仏教と同じころに中国からやって来た道教によると、人間の体の中には3匹の虫がいるという。

道教は、仏教、儒教と並ぶ、当時、中国の三大宗教のひとつであり、宇宙と生命の根源的真理とされるタオ（道）と一体になることを究極の理想としている。

それによると、3匹の虫は、ときどき体から抜け出して天に昇り、その人の行状を天帝に報告するという。天帝はそれを受け、その人の寿命を長くしたり短くしたりする。その意味で、この虫は、その人のすべてを支配しているともいえる。

今のニュアンスからすれば、この虫は、感情、意識、考え、気持ちなどに相当する。だから、「虫がいい」「虫の知らせ」「虫が好かない」「虫の居所が悪い」「獅子身中の虫」「腹の虫」「弱虫」「泣き虫」「点取り虫」「悪い虫がつく」「虫酸が走る」など、その人のいろいろな人生場面にしばしば登場してくるのである。

「とりつくヒマがない」は会話でよくあるまちがい言葉。正しくは？

取引先の部長から強烈なクレームが入ったので謝りにいったところ、「けんもほろろで、とりつくヒマがなかったよ」という会話をよく耳にする。

傍点のついた部分を漢字まじりで書けば、「取りつく暇」だろうが、これは、「相手をしてもらえる時間もなさそうだった」という悲観的な状況をあらわしたものだ。それは、その時の気分とピッタリなのでまちがいに気づかない。

しかし、正しくは「取りつく島がない」である。遭難して海に放り出されたら、近くに島はないかと必死で探すだろう。小さな岩礁でも、取りつくことができれば助かる。

しかし、そんな島さえないのだから、頼れるものが何もないということ。

冒頭の取引先の部長の怒りは本物で、目が合ってもはね返され、言葉なんかかけられなかったのである。

邪念のない静かに澄んだ心境は「明鏡□水」。□は何？

「明鏡止水〈めいきょうしすい〉」である。これは中国の『荘子』という書物にある。

孔子が多くの弟子をあつめていた紀元前5世紀ごろの春秋時代、魯の国の王駘という人のもとにも、それに負けないくらい多くの弟子があつまっていた。孔子ほど有名でなく、学者としての業績もないのに、である。

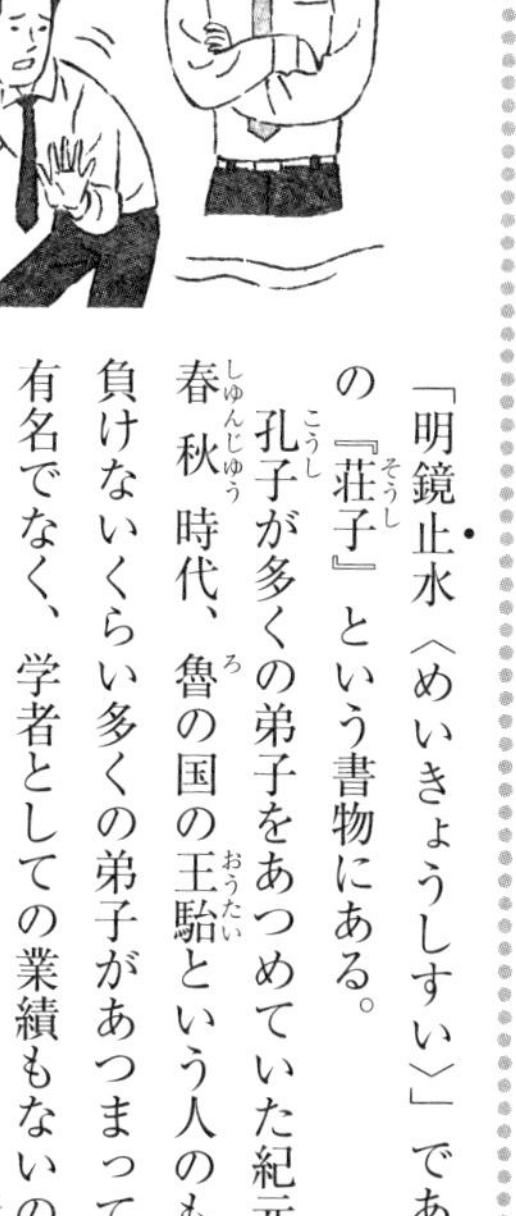

これを不思議に思った孔子の弟子の常季が、そのわけを孔子にたずねたところ、「人が鏡がわりに自分を映して見るのは、流れている水ではなく止まっている水である。王駘の心も、止まっている水のように静かだから、多くの人が自分を映そうとあつまってくるのだ」と答えた。このことから静かに澄んだ心を「明鏡止水」と言う。

風呂に入るとき「お先にいただきます」と言う。なぜか？

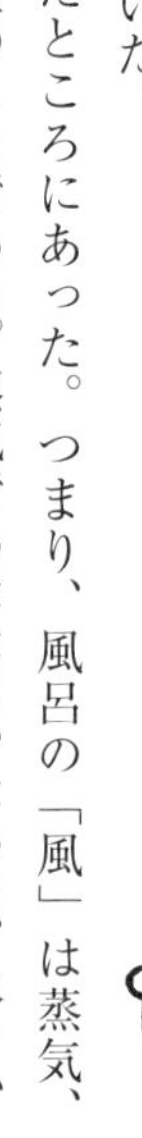

今は風呂といえば家庭風呂かスーパー銭湯か温泉で、どれも湯に浸かる。しかし、浸かる風呂は江戸時代になってからで、それ以前は蒸し風呂だった。サウナだ。薬草などを入れた湯をわかし、その蒸気をお堂（浴堂）や洞穴に取り込んでいた。

これらの施設はお寺の奥まったところにあった。つまり、風呂の「風」は蒸気、「呂」は奥まったところにある部屋のことである。蒸気であたたまったあと、水をかけて体をふいた。お寺の風呂だから庶民は誰でも無料で自由に入ることができた。そして、タダだから、「お風呂をいただきます」とか「お先にもらいます」と声をかけて入った。そのあいさつの習慣が今に残っている。

江戸時代になると、江戸市中の運河を、湯桶を積んだ船が巡回するようになった。お金を払って入る銭湯の始まりである。風呂が船にしつらえてあったので湯船と呼んだ。今も「湯船に湯を張る」と言う。

人がスキマなくいるのを「目白押し」と言うのは、なぜ？

　東京には目白や目黒という地名がある。しかし、目白押しの目白は、その目白ではない。小鳥のメジロだ。

　メジロは雑木林や藪にたくさんおり、緑色をしているので、ウグイスとまちがえやすい。しかし、よく見ると目の回りに名前の由来となった白い輪がある。体はスズメより小さい。

　今は捕獲や飼育が禁じられているが、昔は、雑木林にかすみ網を張って捕まえ、鳥かごで数羽をいっしょに飼うことが珍しくなかった。かごの中では、何羽かが、せまい止まり木に肩をよせ合って、押し合うようにしている。そこから「目白押し」という言葉が生まれた。自然界では、夕刻、ねぐらの木にあつまって目白押しとなる。
　ところで、よく、「梅にウグイス」と言うが、実は、梅に来るのは緑色をしたメジロである。ウグイスは警戒心が強く、人家の近くにはほとんど姿を見せない。メジロは花びらや蜜が好物なので、ほかの花がまだ咲いていない早春は梅にやって来る。

「五里夢中」は正しくない。なぜか？

正しくは、「五里霧中〈ごりむちゅう〉」だ。

3世紀の中国・後漢時代の学者に張楷という人がいた。学問だけでなく、仙術を操る仙人でもあった。その仙術とは、五里四方に濃い霧を発生させるというものだ。仕官をすすめるうるさい役人が来たり、噂を聞きつけ追いかけ回す人が来たりしたら、仙術で濃い霧を発生させ、その中に身を隠した。

霧に包まれた人は前後左右がわからなくなり、張楷を見つけ出すことはできない。

そこから、見通しの立たないこと、判断がつかないことを五里霧中と称した。五里霧の中で身動きが取れなくなるのである。

『坊っちゃん』は「親譲りの無鉄砲で」で始まる。「無鉄砲」とは？

「無鉄砲」は「むてっぽう」で、必ずしも、この漢字にとらわれなくていいようである。『広辞苑』には「無手っ法」とある。『坊っちゃん』の「無鉄砲」は、あとさきを考えず行動することだ。向こう見ずでこわいもの知らずである。

江戸時代末期の小説家・柳亭種彦（りゅうていたねひこ）の『柳亭記』には、「むてっぽうとは無天罰（むてんばつ）のなまり。天罰知らずということ」という記述がある。

天罰を恐れず、ハラハラするようなことを平気でやるが、どこか愛嬌（あいきょう）があって憎めない人のことである。江戸時代から使われていたらしい。

知ったかぶりをすることは、なぜ、「トトカマ」か？

「トトカマ」と言われても、ふだん使ったことがなければピンとこないだろう。誰でも知っていることを知らないふりをして、しおらしく見せようとする女性のことを江戸時代から、花柳界（かりゅうかい）出身の女性のあいだで「カマトト」と言っていた。その逆が「トトカマ」だから、知ったかぶりをすることである。

では、なぜ、「カマトト」か？

それは、妙に気取った女性が、何も知らないふりをして「そうなの？　かまぼこってオトト（魚）なの？」と言ったからだそう。そこから花柳界では「うぶをよそおう女性のこと」となり、その後、ずっと下って、宝塚歌劇団の楽屋言葉（ヅカ言葉）に変身し、さらにその後は「カマトトぶりっ子」となった。

切るに切れない「腐れ縁」。腐っているのに、なぜ切れないか？

『広辞苑』には「腐れ縁」は「離れようとしても離れられない悪縁」とある。なかなか断ち切れない好ましくない関係である。

しかし、腐ると、木でも鉄でも、そのほかなんでも簡単に切れるし、壊れてバラバラになる。それなのに「なかなか切れない」というのは、変ではないか？

いや、変ではないのである。「腐」という字で勘ちがいされるのだが、これはもともと「鎖縁」だった。だから切っても切れないのであ

る。その「くさり縁」が音転化して「くされ縁」となり、「腐れ縁」の漢字が当てられた。

面倒がらず手紙を書く人は「筆まめ」。「まめ」とは？

「筆まめ」を漢字で書くと「筆忠実」となる。『広辞苑』で、「まめ」を引くと、豆、肉刺のほか、忠実で項目が立ててある。その意味は、もちろん真心があること、まじめ、誠実だ。実は、「まめ」は奈良時代から使われていて、誠実でまじめをあらわす言葉だった。だから「筆まめ」は面倒がらず手紙や文章を書くこと、またはそうする人である。

平安時代にはアレコレよく気がつく男を「まめ男」と称した。漢字で「忠実男」と書き、『源氏物語』にも登場する。さらに、鎌倉時代以降は「まめな人」「まめに働く」などが使われた。忠実に、よく動き回る男性である。そこから「小まめな人」「気まめな人」などとも言う。誠実であることは言うまでもない。

「雀の千声□の一声」の□に入る漢字は何？

「鶴」である。「雀の千声鶴の一声」だ。

スズメは早朝からピーチクパーチク喧しいが、ツルはめったに鳴かない。だから鳴くと強く印象に残る。のど（首）が長いので息をため、思いきり声を出す。聞いたことがなければわからないだろうが、「クァエー」という高音と低音の入りまじった強い一声だ。筆者は岡山の後楽園近くに住んでいたので、そこで飼われている丹頂鶴の声をよく聞いた。特徴があるのですぐわかった。

その強い声が、会議で意見が割れ、まとまりがつかないときなどに、皆が従う有力者の発言と結びつけられた。「よし、やろう！」「ダメだ。やめよう！」の一声だ。今は「雀の千声」はあまり言われず、後半部分の「鶴の

一声」だけがよく使われる。

ツルは「鶴は千年、亀は万年」とされ、長寿であることと、立ち姿、飛ぶ姿が優美（ゆうび）なことから、昔からめでたい鳥と喜ばれてきた。

余談になるが、江戸時代、ツルの肉は、本膳（ほんぜん）料理（正式な日本料理）や朝鮮通信使（ちょうせんつうしんし）（李氏（りし）朝鮮の使節）に出される料理の高級食材として珍重（ちんちょう）されていた。当時の料理の献立史料が残っている。

歴史家の樋口清之（ひぐちきよゆき）氏によると、祝いの膳の尾頭付（おかしらつき）は、今はもっぱらタイだが、かつてはツルも使われていたという。衝撃だ。

焼いた肉のかたわらに頭や尾羽をそえて、尾頭付としていたという。

言わなくてもわかる「意心伝心」は1字まちがい。どこか？

正しくは「以心伝心〈いしんでんしん〉」である。言葉に出さなくても通じるということだ。もともとは仏教用語であり、次の伝説からきた。

釈迦（しゃか）が霊鷲山（りょうじゅせん）（グリドラクータ）で説法をした際、皆の前で黙って蓮の花をひねって示した。しかし、皆はその意味を理解できず、指先を見つめるばかりだった。

ただ、いちばんの高弟だった迦葉（かしょう）だけは、微笑（びしょう）した。

それを見て釈迦は、文章にも言葉にも言いあらわせない奥義（おうぎ）を迦葉に与えたという。

この故事から、「以心伝心」が生まれ、また、同じことを「拈華（ねんげ）（破顔（はがん））微笑（みしょう）」とも言っている。

第4章

「タンポポ」の名前は、なぜ、「タンポポ」になったか？

タンポポの名前は、なぜ、「タンポポ」になったか？

「タンポポ」の語源由来については、いくつかの説があるが、最も有力とされているのは民俗学者・柳田國男の、鼓の幼児語「テンポポ」「タンポポ」からきたというものである。

越中国（富山県）など、地方によっては、昔から「つづみぐさ（鼓草）」と呼んでいたが、子どもはその鼓の音の「テン」「ポン」「タン」「ポン」から「タンポポ」と呼んでいた。それがだんだん正式な名称になっていったという。

「つづみぐさ」は、江戸時代の本草（植物）学者・小野蘭山の植物分類事典『本草綱目啓蒙』にもある。

タンポポは、大きく分けると、在来種のニホンタンポポと、明治時代に、「少年よ大志を抱け」のクラーク博士で有名な札幌農学校に植えられたセイヨウタンポポの2系統がある。

アメリカやヨーロッパでは、タンポポは葉をサラダにするので、野草ではなく野菜である。セイヨウタンポポも食用として持ち込まれたのだが、その種子が風に乗って全国に広がった。その繁殖力はすさまじく、今や、路傍（ろぼう）や原っぱのタンポポは、ほとんどセイヨウタンポポだ。見分け方は、花の外をおおっている緑色の総苞（そうほう）の総苞外片（がいへん）が花にそって立っているのがニホンタンポポ、反（そ）りかえっているのがセイヨウタンポポである。しかし、30年ほど前から、総苞外片では見分けのつかない雑種もあらわれている。

「春の□終日（ひねもす）のたりのたり哉（かな）」（蕪村（ぶそん））の□に入る漢字は何？

「海」だ。「春の海終日のたりのたり哉」。「終日のたりのたり」が、いかにものんびりとした春の海を思わせる。「終日」は朝から晩まで、「のたりのたり」は、這（は）っていくようにうねっていること。

このほかにも、春のうららかで、のどかなことをあらわす言葉はいろいろある。「春日遅々（しゅんじつちち）」は、日が長くてなかなか暮れないさま。「春の晩飯あと三里」は、夕食のあとも三里歩けるほど「春の日は暮れそうで暮れぬ」だ。

「木の芽」の読み方は、「きのめ」か？　「このめ」か？

「木の芽」は、「きのめ」と読むと山椒(さんしょう)の若葉、「このめ」と読むと木々に萌(も)え出た新芽となる。山椒の若葉は、ちぎり取った芳香がすばらしく、ユズとともに春から初夏にかけての日本料理の二大香味(こうみ)である。手のひらで数回たたくと細胞が壊れ、香りはいっそう強くなる。すまし汁、タケノコの煮物、木の芽田楽(でんがく)、木の芽和(あ)え、木の芽寿司などにそえると、季節の風趣(ふうしゅ)が際立つ。ただ、春の香りなので、ひな祭りから4月末までという漠然(ばくぜん)とした約束があり、ふつう、5月になったらもう使わない。

一方、「このめ」と読む木々の新芽は、冬枯れていた森や雑木林(ぞうきばやし)を黄緑に染めあげ、楽しい春を演出してくれる。

故郷(ふるさと)やどちらを見ても山笑(わら)ふ　（正岡子規(まさおかしき)）

春の句「鼻紙(はながみ)を敷(し)いて居(すわ)れば□哉(かな)」（一茶(いっさ)）。□に入る漢字は何？

有名な句ではないが、春の句なのでわかる？　「菫」だ。
「鼻紙を敷て居れば菫哉」である。

スミレは、なぜスミレという名か。それは、花の姿が大工道具の墨入れに似ているので「スミイレ」が「スミレ」になったのである。

これは植物学者の牧野富太郎の説だ。スミレは宿根草だから同じところに毎年咲く。だから愛好家は、去年の記憶を手繰りながら散策を楽しむことができる。種類も60種類以上と多く、葉の形も、まるいもの、笹のようなものといろいろあり、花の色も白から薄紫、紫、濃い紫と変化があるので記憶と照合させる楽しみがある。日当たりのよいところに咲くアオイスミレ、日陰に多いツボスミレ、香料に使うニオイスミレなどいろいろだ。

外来種の三色スミレ、バイオレットも、最近は道ばたに咲いている。野草好きの中には、葉をてんぷらにする人もいるようだが、パンジーやニオイスミレなど、有毒なものもあるので気をつけたい。

「竹の秋」は「秋」の字があるが秋のことではない。なぜか？

3月になると竹林では、地中のタケノコを育てる準備が始まり、養分を取られた竹の葉が黄ばんでくる。

4月下旬〜5月になると、竹の葉がハラハラハラハラ落ちて秋のようである。タケノコが芽を出し、急激に伸びて若竹になるので、大人の竹は養分を取られてしまい、葉が力を失って落ちるのである。その様子が、枯れ葉が舞い落ちる秋のようなので、歳時記では「竹の秋」と称するが、春のできごとである。

咲きみだれる草花と樹木の萌え出る若葉に目をうばわれ、竹林の変化に人々の注意が及ぶことは、ほとんどない。梅雨になり、土壌に水分が行き渡り、8月、9月になると養分は竹林全体に及んで葉は青々と勢いをつける。夏の陽光を受け、光合成が活発に行なわれる。それは、来たるべき春に備えているように見える。

夕方や吹くともなしに竹の秋（永井荷風）

春は目が覚めない。「春眠□を覚えず」の□は何？

「暁」だ。「春眠暁を覚えず」である。「暁」は夜明けのこと。これは中国・唐代の自然派詩人・孟浩然の漢詩「春暁」の一節である。

春眠覚暁　処処聞啼鳥
夜来風雨声　花落知多少
春眠暁を覚えず　処処啼鳥を聞く
夜来　風雨の声　花落つること知る多少ぞ

「春の眠りは気持ちがよくて、いつ夜が明けたかもわからない。あちこちで鳥の鳴く声がする。昨夜は雨まじりの風が吹いていた。さぞかし花がたくさん散ったことだろう」

それにしても、春はなぜ眠いのだろうか？

冬は寒いので深部体温が逃げ出さないよう、血管が収縮し体温が高くなる。人は深部体温が低いほどぐっすり眠れるので、体温が高い冬は、眠りの浅い状態が続く。

春になって気温があがると血管が広がり放熱する。深部体温もさがる。すると、ぐっすり眠れるようになる。脳の松果体から出る睡眠ホルモンのメラトニンも日照時間が長くなるとたくさん出る。だから、ますます「春眠暁を覚えず」となるのである。

「国敗れて山河在り。城春にして草木深し」は1字まちがい、どこか？

「国敗れて」がまちがい。「国破れて山河あり。城春にして草木深し」である。中国の詩人・杜甫の「春望」の一節。唐代の756年、玄宗皇帝に対する安禄山の反乱（安史の乱）で都の長安（現・西安）は猛々しい反乱軍に蹂躙された。杜甫も捕まったが、すでに白髪の老人だったため釈放された。その杜甫が、荒れ果てた長安の街をそぞろ歩き、その悲哀を詩に詠んだもののひとつだ。

日本では戦に敗れたら、領主とその一族は滅ぶが、民や領地は残った。しかし、昔の中国では、負けると王族や兵だけでなく、国そのものが消滅させられた。すべてが消える過酷な運命だから「国破れる」である。

安史の乱で唐が滅亡したわけではないが、都は荒れ放題となり、人々は拠りどころをなくし、国（王朝）の基盤はこのとき壊れた。

「春望」の冒頭だ。

国破山河在　　城春草木深

国破れて山河在り　　城春にして草木深し

「里山は現代の桃源郷だ」と言うときの桃源郷とは？

里山の四季を紹介するテレビ番組には、現代の桃源郷が映し出されている。植物が芽吹き繁茂し枯れる。小動物が闊歩し争い眠る。鳥が産卵し餌を追う。日が昇り沈む。

では、本家の桃源郷は、どんなところだろうか？

4世紀の中国の詩人・陶淵明の『桃花源記』に書かれているその世界をのぞいてみよう。

晋の時代（380年ごろ）、ある漁師が魚を求めて、谷川をさかのぼっていると、甘い香りがただよい、桃の咲きみだれる土地に出た。

さらに、さかのぼると水源に到着し、そこには小さな洞窟があった。奥に光が見え

たのでくぐり抜けると、のどかな田園風景があらわれた。

農家が立ち並び、田畑、池、桑畑があり、行き交う人々は皆、笑顔を絶やさず楽しそうだった。ほどなく村人が漁師に気づき話しかけてきた。男が外の世界から来たと言うと、皆はビックリして珍しがり、歓待してくれた。村人は、自分たちは、戦乱を逃れてこの地に来てから、外がどうなっているのかまったく知らないと話した。

のどかで夢のような何日間かをすごしたあと、外界に戻った漁師は、村人に口止めされていたにもかかわらず、役人に届けた。

そして、帰るときにつけた目印を頼りに、役人といっしょに戻ってみたが、桃林も水源も、もちろん洞窟も見つけることはできなかった。まぼろしのように消えていたのである。

「ゴールデンウィークは五月雨（さみだれ）にたたられた」は、どこがまちがい？

風薫る5月は、例年、「五月晴れ」と称するのにふさわしい上天気が続く。青空のもと鯉のぼりが泳ぐ。しかし天気のことだから雨が降ることもある。すると、がっかりして、つい、「五月雨にたたられた」と言ってしまうが、五月雨の5月は旧暦だから今の6月、梅雨のことだ。まちがい。

梅雨はしとしと降り続く長雨だから、雨量が多く「五月雨をあつめて早し最上川」（芭蕉）となる。

また、5月の五月晴れを「五月晴れ」と読むと、文字は同じなのに6月である。梅雨のさなかの晴れ間だ。ややこしい。また、五月雨雲、五月闇というのもある。五月雨雲は梅雨の雨雲、五月闇は梅雨さなかの暗い夜だ。

「夏も近づく八十八夜」は5月はじめだが、なぜ、八十八か？

八十八夜は、立春から数えて88日目のことである。立夏の数日前にあたり、年によるが、5月1日～3日のいつかだから、5月はじめである。なぜ88日目か？

それは「米」という字を分解すると「八十八」となるからである。江戸時代、伊勢の御師が神宮の御札とともに配った「伊勢暦」の明暦2年（1656）以降に載るようになった。農家にとっては、苗代に籾を蒔く時期なので、いよいよ本格的な農作業が始まる目安の日とされている。豊作を祈願して、皆があつまり食事をし、酒を酌み交わし、田の神のご機嫌を取る。

また唱歌『茶摘み』で歌われているように、八十八夜のころには出そろうお茶の若葉を摘み取る。「あれに見えるは茶摘みじゃないか」だ。

「麦の秋」は「秋」の字があるのに秋ではない。なぜか？

「麦の秋」は麦秋とも言い、6月の麦の刈り入れ時のことである。

これに対して秋の稲の刈り入れ時は「米の秋」と言う。秋というのはこの場合、季節の秋ではなく、百穀百果の成熟のとき、すなわち収穫のときをあらわしている。

俳人の山本健吉も「秋とは、元来、収穫を祝う田の神祭に関係した言葉で、季節の秋の意味は第二次的なものである」と述べている。本書116ページの「竹の秋」の

「秋」も凋落のときを言ったもので、季節の秋そのものではない。

さて、麦は穂が黄金色に実ったあと、雨に当たると発芽して品質が落ちるので、梅雨になる前の晴天の日に急いで刈り入れなくてはならない。麦を収穫したあと、続けて稲作をする二毛作の農家にとっては、麦のためには晴天を願い、その後は、稲作のため雨を乞うのだから、天気の動向に一喜一憂するせわしない時期である。それが農家の麦秋だ。

麦秋や蛇と戦ふ寺の猫　（村上鬼城）

「井の中の□大海を知らず」の□は何？

「蛙」、である。これは中国の『荘子』にある次の話がもとになっている。

黄河の神・河伯は秋になって水かさが増したので流れに乗って下っていると、やがて海に出た。海ははじめてだったので、その広さに驚嘆した。

そこで海の神・若に、「自分は黄河が天下で最大と思っていたが、海の大きさを知って驚いた。海に来なかったら私は笑い者にされるところだった」と恥じ入った。

すると、若は「井戸の中の蛙に海のことを話してもわからない。彼らはせまい居場所にとらわれているからだ」と言い、「今あなたは大海を見て、自分を知った。だから、これからは大きな真理について、ともに語ることができる」と、道（タオ）を説いたという。

道とは哲学だ。この若の言葉が、江戸時代のはじめに日本に伝わり、「井蛙大海を知らず」となった。「井の中の蛙大海を知らず」だ。

「狸寝入り」は寝たふりのこと。なぜ、タヌキか？

タヌキは臆病な動物である。猟師が鉄砲で撃つと、弾が当たってなくても、気絶してしまう。仮死状態になるのだ。てっきり仕留めたと思って、ほかの獲物といっしょにしておくと、そのうち息を吹き返して逃げ出してしまう。それが寝たふりをしているように見えたので

「狸寝入り」と言った。

タヌキは森の中で生活しているが、人家近くにも出没するので、比較的なじみのある野生動物である。小鳥や昆虫、カエルなどの小動物のほか木の実も食べる雑食性で、人家近くに出没するときは生ゴミも食べる。

夕暮れ時を、なぜ、「たそがれ」と言うか？

「たそがれ」は、夕暮れ時といっても、太陽が沈んで、あたりがほの暗くなる時間帯だから、人影はわかっても顔ははっきり見えない。

『万葉集』（奈良時代）に「誰そ彼と　われをな問ひそ　九月の　露に濡れつつ　君待つわれそ」、また、『源氏物語』（平安時代）にも「寄りてこそ　それかとも見め　たそかれに　ほのぼの見つる花の夕顔」（「夕顔」）とあり、古くから使われていたとわかる。

「たそかれ」は、漢字まじりにすると「誰そ彼」である。ほの暗い中で「誰なの彼は？」とたずねたことが、そのまま時間帯をあらわす言葉となった。

夕暮れ時に対し、同じように、明け方のほの暗さを指す言葉もかつてはあり、それは「彼(か)は誰(たれ)」で「かわたれ」と言った。現在は死語である。

「たそがれ」は漢字で「黄昏」と書くが、これは江戸時代の「戌(いぬ)の刻(こく)」である午後7時から午後9時までの時間帯を黄昏(こうこく)と称したことに由来する。それがいつのころからか、「たそがれ」の当て字となったと考えられている。

「蜘蛛(くも)の子を逃がすように誰もいなくなった」は、どこがまちがい？

「蜘蛛の子を散らすように」が正しい。

クモの卵は母グモがつくった丈夫なやわらかい袋の中で育ち、5～7月ごろ、卵がかえると、うじゃうじゃと何百という赤ん坊グモが、外に飛び出してくる。

親は卵を産みっぱなしだから、クモの子たちは、生まれてすぐに自力で餌を探さなくてはならない。小さいといっても数が多いので、同じ場所にじっとしていたら餌の取り合いとなる。だから生まれるとすぐさま四方八方に散っていく。

種類によっては、卵からかえるとすぐ枝などの高いところに上り、風向きを測って尻から糸を出し、風に乗って遠くに飛んでいくものもいる。たどり着いた場所で自力で生きるのだ。

「6月の花嫁」は幸せになると言う。なぜ6月か？

日本の結婚シーズンは、春（4月～5月）か秋（10月～11月）なので、梅雨の季節にかかる6月はピンとこない。しかし、ヨーロッパでは「6月の花嫁」はジューンブライドと称し、一生幸せに暮らすことができるとされる。そのため、6月に式をあげる日本人カップルも多い。

6月は英語でジューン、フランス語でジュアン、イタリア語でジュニョと言い、これらは、古代ローマ時代に6月を「ジュノーの月」と言ったことにちなむ。

ジュノーとは神々の王ジュピターの妃で、結婚と出産をつかさどる「女性の守護神」である。だから、ジューンブライドは、ジュノーに守られ幸せを手に入れることができるとされる。また、梅雨の季節の日本とちがって、ヨーロッパの6月は、気候が一年でいちばんいい。だからジューンブライドが多い。

行ってすぐ帰ってくる「蜻蛉(とんぼ)返り」。なぜ、トンボか？

格安航空が一般化し、目的地で用がすんだら引き返す「蜻蛉返り」が当たり前になってきた。で、なぜトンボか？

それは、勢いよく飛んでいるトンボがある地点まで進むと急に向きを変えて戻ってくるからだ。トンボはこの能力のおかげで、空中ですれちがったハエやガを、素早く急転回し捕まえることができる。

余談だが、どうやって獲物を捕まえるのかというと、口ではない。剛毛(ごうもう)が生えた6本の足を虫かごのようにして、その中に閉じ込めるのだ。そして、枝に止まってからムシャムシャ食べる。

トンボという名前は、稲穂(いなほ)が飛んでいるように見えるので「飛ぶ穂」だったものが音転化(おんてんか)（発音が変わること）して、「トンボ」になったとされている。「飛ぶ棒」だったという説もある。

「閑さや岩にしみ入□の声」（芭蕉）。□は何？

「蟬」だ。松尾芭蕉が『奥の細道』の旅で、元禄（1689）2年5月27日（今の暦で7月13日）に、立石寺（山形市・山寺の通称で有名）で詠んだ句である。「閑さや岩にしみ入蟬の声」だ。東北の7月13日ごろの「蟬の声」といえば、ニイニイゼミであろう。オスが翅を半開きにして「チージー……」と鳴く。

このセミは梅雨の後半に地中から出てきて、夏の前半は日中どこかで鳴いている。街灯があれば夜でも鳴く。激しく鳴くことはしないので、注意を向けなくては気がつかないが、聞こうとすればヒグラシとともによく聞こえる鳴き声である。夏のはじめに、「あっ、セミが鳴き始めた！」と気づくのは、たいていこのセミである。

しかし、気温があがり、大型のアブラゼミが鳴き、クマゼミやミンミンゼミがけたたましく騒ぎ始めると忘れられてしまう。8月になると数は少なくなり、ヒグラシやツクツクボウシの鳴く9月には、ほとんど鳴き声は聞こえない。やがてツクツクボウシの声も消えて秋になる。

置き去りにすることを、なぜ、「おいてけぼり」と言うか？

「おいてけぼり」という言葉は、江戸時代の本所七不思議という怪談から生まれた。江戸時代の本所は堀（運河）がたくさんあり、魚がよく釣れた。

ある日、錦糸町あたりの堀で数人の町人が釣りをしていた。その日は特によく釣れた。やがて、日が傾いたので魚籠（釣った魚を入れておく籠）を引きあげたら、堀の中から薄気味悪い声が聞こえた。

「置いていけ〜…。置いていけ〜…」

町人たちはビックリして、一目散に逃げ帰ったが、家で魚籠を見ると、たくさん釣ったはずの魚が一匹もいなかった――といったことがたびたびあったので、そのうちこの堀は「置いていけ堀」と呼ばれるようになったという。

この「置いていけ堀」がなまって、置き去りにすることを「おいてけぼり」と言うようになったのである。

「今年は庭の柿が鈴鳴りだった」は、どこがまちがい？

「鈴鳴り」が変。正しくは「鈴生り」だ。鈴のように実がたくさんできることだが、この鈴は、巫女が神楽を舞うときに持つ神楽鈴のことである。手に持つ芯棒の回りに、小さな鈴がたくさんついており、振ると、にぎやかな音がする。にぎやかな音がするが、柿の実は、そのにぎやかさではなく、たくさんの鈴がくっついているようなにぎやかさだから、鈴鳴りでなく、鈴生りだ。

余談になるが、巫女が鈴を振り鳴らすのは、神社に参拝したとき賽銭箱の上にある鈴を鳴らすのと同じで、神様に目覚めていただき、神霊の威力を十二分に発揮してもらうためである。

また、参道に玉砂利が敷いてあるのも、音を立てて神様に目覚めていてもらうためである。

「物いへば□寒し秋の風」(芭蕉)の□は何?

「唇」である。松尾芭蕉の俳句だ。
「座右之銘　人の短をいふ事なかれ　己が長をとく事なかれ」という詞書のもとに、この句はある。

詞書とは、その俳句をなぜ詠んだのかという成立事情を書いたものである。人に自慢話をしたり、他人の短所をあげつらったりすると、あとで寒々とした気持ちにおそわれるから、うっかり余計なことは言わないほうがいい、という教えを詠んだものである。口はつつしみなさい、だ。

「小春日和に桜が咲いた」は正しいか？　正しくないか？

正しい。「小春日和」は春という字があるものの、季節は春ではない。初冬である。旧暦の10月を「小春」という。今の11月だ。

「日和」は晴天のことだから、「小春日和」は秋になって汗ばむような日々ののち、高気圧が張り出し、早霜の降りる寒い日が1週間ほど続き、そのあとまたポカポカ陽気の晴天となる日々のことである。

それなら冬だから、桜は咲かないと思うかもしれない。が、実は、咲く。というのは、満開の桜が散ったあと、6月ごろには翌年の花芽がすでにできており、ふつうこの花芽は、秋になって気温がさがり、冬の寒さをくぐって春に気温が上昇すると、開花ホルモンの作用で咲く。ところが、初冬の一時期に、短期間で「秋から冬、冬から春」の温度変化があると、桜の中には開花するものもある。「くるい咲き」だ。俳句の季語（冬）にもなっている。「帰花」である。

凩に匂ひやつけし帰花（芭蕉）

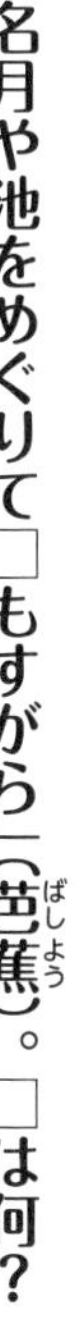

「名月や池をめぐりて□もすがら」（芭蕉）。□は何？

「夜」だ。「名月や池をめぐりて夜もすがら」である。

「夜もすがら」は、「春の海終日のたりのたりかな」の「ひねもす」に対する言葉で、「昼は終日夜は終夜」（『浮雲』二葉亭四迷）である。一晩中だ。

さて、この句の名月は満月と思われるが、地上に明かりのないときの満月は煌々と明るい。どのくらい明るいかというと、0・22ルクスほどである。100ワットの白熱電球を20メートルの高さにさげたくらいだ。

ところで、太陽からの光はあたたかいが、月光はあたたかくない。それは月が太陽からの光を反射して輝いているからである。太陽光の7パーセントしか地上には届いていない。満月のことを、よく昼をもあざむく明るさと言うが、比べものにならない。堀源一郎東京大学名誉教授（天文学）によると、満月を50万個あつめてやっと昼間の明るさになるという。

「日なたぼっこ」の「ぼっこ」とは？

冬は縁側で日なたぼっこ。ネコもいっしょ、だ。ぽかぽかと転寝すると気持ちいい。

「日なたぼっこ」は平安時代の『今昔物語集（こんじゃくものがたりしゅう）』に「春の節になりて日うららかにて日なたぼこりせむ」とある。もとは「日なたぼこり」と言っていたのだ。

「日なた」は日の当たっているところだからいいとして、「ぼっこ」は何かというと、「ぼこり」で、これは「ほこり」だから漢字で書くと「誇り」である。

つまり、この気分を言葉であらわすならば、心がウキウキし、晴れやか、となる。だから「日なたぼっこ」は、心はウキウキ、体はぽかぽかで気持ちいいのである。

「焼けぼっ栗に火がつく」はまちがい。なぜか？

「ぼっ栗」ではなく「棒杭（ぼっくい）」である。「焼けぼっくい」だ。焚（た）き火のあとに、棒杭が燃えて残っていれば、それが焼けぼっくいである。燃えて炭になっているように見えるが、中はまだまだ、だ。ちゃんと消さないと再び燃えあがる。消えても、また火をつけると、いとも簡単に燃えあがる。

そのことから、昔、恋仲だった男女が、事情が許さず恋の炎をおさめたものの、同窓会などで、何年ぶりかで再会し、再び燃えあがらせてもとの仲に戻ってしまうといった、よくあるできごとを「焼けぼっくいに火がつく」と言う。「焼けぼっ栗」に火がつくでは、パンと栗がはじけるだけで、恋の炎は燃えあがらない。

第5章

「一所懸命」と「一生懸命」は同じか？　ちがうか？

「元旦（がんたん）」の夜は百人一首で遊んだ」は1字まちがい。どこか？

「旦」がまちがい。「元日」ならいい。なぜなら、「旦」は象形文字で、地平線をあらわす「一」の上に「日」があり、元日の朝をあらわしているからだ。初日の出だ。

早朝だけでなく、1月1日の午前中までなら許容範囲である。夜は含まない。だが、元日ということなら1月1日だから昼も夜もある。このまちがいは手帳、カレンダーにも散見される。

「一所懸命」と「一生懸命」は同じか？　ちがうか？

同じ、である。もともとは「一所懸命」で、武士が、先祖伝来の領地を生活の頼りとし守り抜くということだった。そこから、ものごとに命がけで取り組むという意味が出てきた。中世日本では、武士にとって領地は唯一無二（ゆいいつむに）のものであり、命がけで守

るべきものだった。

しかし、江戸時代になると、もともとの語源よりも意味が先行され、また、会話の中で「いっしょ」が「いっしょう」となり、表記も「一生懸命」に変わった。さらに意味も、懸命にやるところは同じだが、その姿勢は、命がけという悲壮感あふれるものでなく、あらん限りの努力をするという前向きのものとなった。

めちゃくちゃになるのは「台無し」。なぜ「台」が「無し」か？

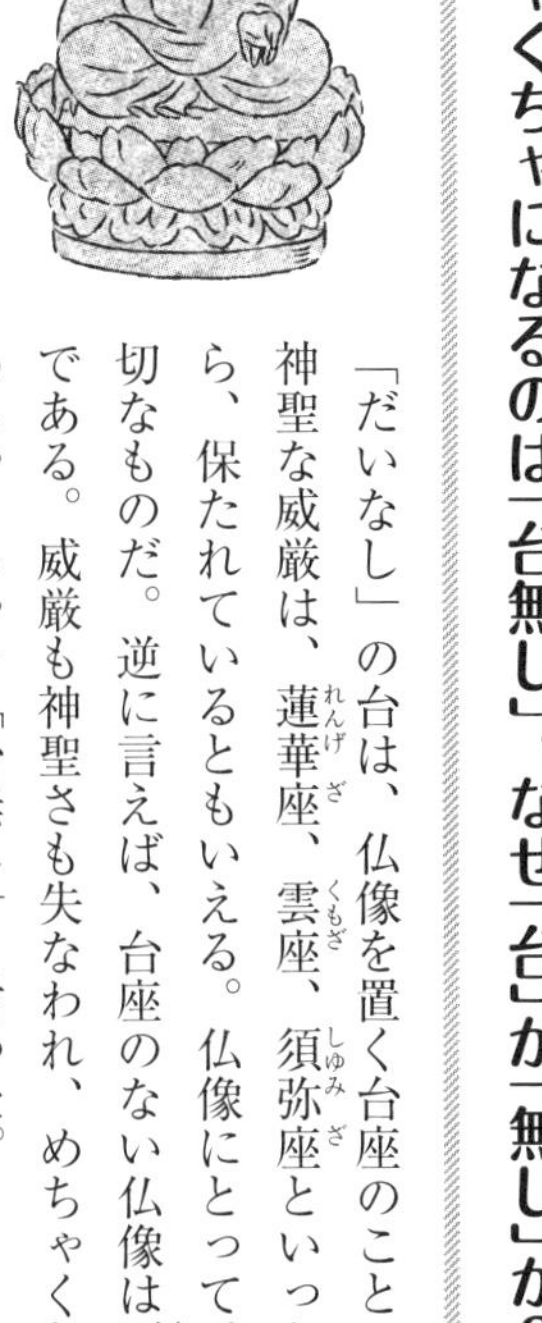

「だいなし」の台は、仏像を置く台座のことである。仏像の神聖な威厳は、蓮華座（れんげざ）、雲座（くもざ）、須弥座（しゅみざ）といった台座があるから、保たれているともいえる。仏像にとって、ものすごく大切なものだ。逆に言えば、台座のない仏像は面目（めんぼく）まるつぶれである。威厳も神聖さも失なわれ、めちゃくちゃだ。だから、めちゃくちゃを「台無し」と言った。

もとは「着物にカビが生えて台無しになった」「台風で瓦が飛んで台無しだ」と、物に対して使っていたが、今は「計画が台無し」「結婚式が台無し」と、物以外でも使われる。

テレビ番組『ためしてガッテン』のガッテンとは？

ガッテンは漢字で書くと「合点」だから、「なるほど」と納得することだ。

長寿番組だったＮＨＫの人気番組『ためしてガッテン』も、実験やデータで、視聴者が「なるほど！」と思えるようにつくってあった。また、頼まれて「引き受けた！」と言うかわりに「合点だ！」と言うが、これもただの返事ではなく、相手の頼みを納得したうえでの返事である。

そこで合点だが、なぜ「合」と「点」か？　それは、昔、廻状（かいじょう）が回ってきたとき、「合意した」というしるしに、自分の名前の右肩に点を打った。それが合点だからだ。

廻状とは、２人以上に宛てて出す書状で、読んだ人は合点をつけ、次に回した。回覧板のようなものである。

あるいは、和歌を先生に見せ、点をつけてもらうことも合点と称したが、この場合は、先生が「よくできました」と納得してうなずくので、そのこともまた合点となった。

「怒り心頭(しんとう)に達する」は1字まちがい。どこか？

「達する」がまちがい。正しくは、「怒り心頭に発(はっ)する」である。この決まり文句は、文化庁が平成17年（2005）に行なった調査で74パーセント以上の人がまちがった誤用の王様だ（平成24年〈2012〉には67パーセントに低下）。

怒ることを「頭にきた」と言うので、心頭という文字から連想して、たぶん「怒りが頭に達した（きた）」となったのだろうが、まちがいである。

心頭とは、「こころ」のことだ。だから「怒り心頭に発する」は、怒りがこころに（生まれ）、発したのであるから、それは、ほとばしる激しい怒りなのである。

「試験が近いので寸暇を惜しまず勉強した」は、どこがまちがい？

まちがいは、「寸暇を惜しまず」で、正しくは「寸暇を惜しんで」である。まちがったのは「寸暇」の意味を考えなかったか、「骨身を惜しまず」という言い回しと同じに考えてしまったからだろう。

寸暇は、寸が「ちょっと」、暇が「時間」だから、「ちょっとの時間」である。試験の前はトイレに単語帳を持ち込んだり、電車で教科書をくり返し読んだりと、こま切れ時間も惜しんで勉強する。「寸暇を惜しまず勉強する」では、こま切れ時間は勉強しないことになり、試験に失敗するかもしれない。

小事が積もって大事になることは「鼠が塩を引く」。なぜネズミ？

ネズミが一度に引いていく塩は少量でも、たび重なると莫大になることから、この慣用句は、些細なことでも放置すると大事になるという意味だ。また、減るのが少し

ずつでも、いつかはなくなるというたとえでもある。

さらにつけ加えると、ネズミはネズミ算式に増える。たとえば、オス・メス1組から、1月1日にオス6匹、メス6匹の12匹が生まれ、その後、毎月同じペースで増えるとしよう。2月は、最初のオス・メスと子のオス・メス各6匹の7組が、それぞれオス・メス各6匹の12匹を産むのだから14＋84で98匹。

さらに、さらにと毎月生まれると、12月には、なんと276億8257万4402匹という恐ろしい数になる。2×7^{12}匹だ。

もちろん、すべて生き残るわけではないだろうし、オス・メスが同じ数だけ生まれるわけでもない。しかし、こうしてネズミ算で増えるネズミも勘定に入れると、どんな大きな塩の山でもなくなってしまうのである。

だいたいの見当をつけることを「目安（めやす）をつける」と言うのは、なぜ？

「目安」と聞いて思い出すのは「目安箱」だろう。日本史の教科書に出てくる。

徳川幕府8代将軍吉宗（よしむね）が庶民の考えを知るため、享保（きょうほう）6年（1721）に江戸城の評定所前に設けた投書箱である。評定所は江戸幕府の最上位の司法機関だから、今の最高裁判所だ。町奉行・寺社奉行・勘定奉行が独自に判断できなかったことを、この三奉行と老中（1人）で合議し裁断したのである。

目安箱のカギはいつも将軍の手もとに保管され、毎月、決められた日に開けられた。そして、そこに書かれた人々の生の声を指針として参考にした。世論の動向にだいたいの見当をつけ、政治を行なおうとしたのである。そこから、だいたいの見当をつけることを「目安をつける」と言うようになった。

「一姫二太郎」の子どもの数は何人か？

一姫二太郎は、子どもの数は「女の子1人、男の子2人」の3人がいい、という意味ではない。子どもを生む順番は、できれば、「最初が女の子、次は男の子」がいいという意味である。今とちがって、昔は、子ども3人と両親の5人家族が多かった。だから、高齢の人は、つい、子どもの数と思ってしまうようだが、そうではない。

最初の子は育てやすい女の子がいい、という子育ての知恵をあらわしているのである。病気にかかりやすい男の子に比べ、女の子はすくすく育つので、母親は1人目で育児のあれこれを習得できる。そして、2人目に男の子ができたら、もっとうまくできるというわけである。

「牛耳る（ぎゅうじる）」は相手を支配すること。なぜ、牛の耳か？

紀元前8世紀から前3世紀ごろの中国は、いくつもの国に別れ、勢力争いがくり返されていた。しかし、戦争をすれば疲弊（ひへい）し力を殺（そ）がれる。そこで諸侯（しょこう）は、同盟を結んで力を温存しようとした。同盟を結ぶにあたっては、いけにえの牛の耳を削（そ）ぎ、皆でその血をすするという儀式が行なわれた。

耳を皆のところに持って回るのは、最初は下位の者の役目だったが、いつのころからか実力者が自ら執（と）り行なうようになった。

そのことを「牛耳を執る」と称し、やがて、これが短く「牛耳る」となって、相手を支配し、主導権を握るという意味に広がった。

「不甲斐なき亭主女房に牛耳られ」という川柳もある。

「ちょろちょろするな！」の「ちょろ」とは？

「ネズミがちょろちょろ」「子どもがちょろちょろ」「ちょろちょろするな！」という「ちょろ」は、こまかく動き回ることだが、これは、江戸時代の「ちょろ舟」が語源である。では、ちょろ舟とは？

当時、江戸と諸藩のあいだには廻船と呼ばれる大型の運搬船が行き来していた。この船は、目的地の沖に到着すると、積んでいた小型の伝馬船をおろし荷物を岸に運んだ。伝馬船のほかにも、猪牙舟といって、猪の牙のように細長くて速度の出せる小型の舟が急ぎの荷物を運んだ。

さらに、猪牙舟より、もっと速くて小回りの利く小型の舟があり、「ちょき舟」にならって「ちょろ舟」とか、短く「ちょろ」と呼ばれていた。そこから、素早く動き回ることを「ちょろちょろ」と言うようになった。

愚か者のことを「たわけ者」と言うが、「たわけ」とは？

「たわけ」の意味は、漢字で書くとわかる。「田分け」だ。つまり、「たわけ者」は田を分ける者だが、誰が誰に分けるのか？

親が子に分けるのである。分けるとどうなるか？　昔は子だくさんだったので、平等に分けると、1人分は小さくなる。さらにその子が子に分けるともっと小さくなり、さらに、さらに……。

田の広さは収穫量とイコールだから小さいと貧しく、凶作（きょうさく）になれば生活できない。仕方なく田を売り落ちぶれる。そうなったそもそもの原因は「田分け」だから、「たわけ者」は、愚かで考えが足りない者という意味になる。このため江戸時代の寛文（かんぶん）13年（1673）5月、十分広い田畑を持っていない場合は「田分け」をしてはいけないという布告が出された（分地（ぶんち）制限令）。愚かなことはしないよう、法律で禁じたのである。

順番が回ってくることを「お鉢（はち）が回る」と言う。なぜ「お鉢」か？

順番といっても、同窓会の幹事など、あまり気の進まない役目が回ってくるのを「お鉢が回ってきた」と言う。この「お鉢」は何かといえば飯櫃（めしびつ）である。

今は炊飯器から茶碗によそうので使わない家庭も多いだろうが、炊（た）きあがったご飯を釜から移しておく桶（おけ）のような入れ物だ。「おひつ」とか「お鉢」と呼ぶ。

それがなぜ「回る」のかというと、大家族だからである。昔は、子ども5、6人に祖父母、という大家族が珍しくなかった。食事は皆いっしょだから、ご飯は、「お鉢」を順番に回し、それぞれが茶碗によそった。

本来はこのように待ち遠しいことだったが、いつのまにか意味が逆転し、気が進まない順番が回ってくることに変化した。

晴れの場所の檜舞台（ひのきぶたい）。なぜ、ヒノキか？

ヒノキが最上の建築用木材であることは、よく知られている。値段も高い。昔から能や歌舞伎など格式の高い舞台に使われてきた。そこから一流の劇場の舞台を檜舞台と称し、さらに意味が広がって晴れの場所となった。

ヒノキが自生しているのは台湾と日本だけで中国にはない。弥生時代の遺跡の神殿跡からも発掘されており、太古から建築用の木材に使われていたことがわかる。飛鳥時代の寺院はほとんどヒノキでつくられた。その代表が、世界最古の木造建築である法隆寺である。

心配しなくてもいいことを心配することを、なぜ、杞憂と言うか？

中国の『列子』の中の話がもとになっている。昔々、黄河中流域に杞という国があった。今の河南省のあたりに位置し、古代中国の中心地ということで、かつてその一帯は中原と呼ばれていた。その杞の国に根っからの心配性の男がいた。その心配性たるや尋常ではなく、いつか天が落ちてくるのではないか、そうなると住むところがなくなるのではないかと、それが心配で心配で、食事もできないほどだった。これを見かねた友人が、天は空気のかたまりだから落ちてこない、と懇切丁寧に説明すると、やっと安心したという。

これが「杞人の憂」という故事だが、約まり「杞憂」となった。心配しなくてもいいことを心配することだ。無用の心配、取り越し苦労である。

進展がないことは「堂々めぐり」。なぜ堂か？

「堂々めぐり」は字を見ればわかるように、もとは、仏様を安置したお堂の周りをぐるぐる回る（めぐる）ことである。なんのために？

お坊さんが列をつくってお経を読みながら礼拝したのである。これは中国から伝わってきたやり方で、最初は「行道めぐり」と呼ばれていたが、実際はお堂の周りを回るので「堂々めぐり」となり、また、江戸時代には、子どもが手をつないでグルグル回る遊びにもなり、やはり、「堂々めぐり」と言っていた。

そこから、話し合いや議論、考えごとなどが同じところにとどまって、前に進展しないことを言うようになった。

「灯台元暗し」は1字まちがい。どの字か？

「元」がまちがい。「下」だ。

67ページの「油を売る」の項目で書いたように、灯台は、江戸時代の照明器具で支柱の上の油皿に灯心を立てて火をともした。照明といっても、ほの明るい程度で、すぐ下は油皿の陰になって暗い。そこで、「ずっと捜していた本がカバンの中にあった。灯台下暗しだった」などと、身近なところに盲点があったようなときに使う。

見出しの「灯台元暗し」の灯台は、海の灯台を考えたものだろう。その灯台は遠くを照らすので、確かに、元（灯台の周り）は暗い。だが、本来の灯台は、その灯台ではないのである。

左利きを、なぜ、「ぎっちょ」と言うか？

古代中国から蹴鞠（けまり）などといっしょに伝わってきた、毬杖（ぎっちょう）という杖（つえ）で球を打つ遊びがあった。今のホッケーのようなものだ。はじめ宮廷で行なわれていたが、平安時代になると、子どもたちにも広まり、庶民のあいだで広く行なわれるようになった。

このゲームをするとき左利きは、当然、杖を左手に持って打つ。毬杖というのはゲームの名称だが、杖も毬杖と呼んだ。左手で打つ人の杖は右手で打つ人より少なかったから目立ち、「左毬杖（ひだりぎっちょう）」と言われた。「左ぎっちょ」だ。

その「左」がのちに省略され、「ぎっちょ」となったとされている。

「李下（りか）に冠（かんむり）を正す」は、どこがまちがい？

正しくは「李下に冠を正さ**ず**」だ。君子たるもの、スモモの木の下で、冠が斜めになったからといって直してはいけない。なぜなら、手をあげて直すとスモモを中に隠

したと疑われるかもしれないからだ。疑いを招くことをしてはならない、という戒(いまし)めである。

この君子とは、教養があり、人格が備わった人物のことで君主ではない。6世紀ごろの中国の『文選(もんぜん)』にある「君子行(くんしこう)」という詩の一節で、「瓜田(かでん)に履(くつ)を納(い)れず」と対(つい)になっている。瓜畑(うりばたけ)で履が脱げても、かがんで直してはならない。瓜を盗んだと疑われるかもしれないからである。

この二つをまとめ、「瓜田李下(かでんりか)」と言うこともある。

「権威をかさに着てほえまくる」は、なぜかさ（傘）か？

「会社の権威をかさに着て威張る」とか、「金持ちをかさに着てクレームを言ってくる」と、かさはわりあいよく使われているが、このかさは傘である。なぜか？

傘は最初、中国で発明された。開きっぱなしの天蓋(てんがい)タイプのものである。えらい人に差しかける日傘だ。それが欽明天皇の時代の552年に、仏像などといっしょに日本にもたらされたとされる。その傘が、やがて、長い柄をつけ布を張った傘になり、天皇をはじめとする貴族や位の高い僧侶などの頭の上に差しかけて使った。

このことから、えらい人と傘が結びつき、権力や権威の象徴と見なされるようになった。そして「かさに着る」が「威張る」という意味になった。

結婚披露宴の土産を、なぜ、「引出物」と言うか？

引出物の「引出」とは、引っ張り出すことである。何を引っ張り出すのか？馬である。平安時代の貴族は、客に馬を贈ってもてなすことがよくあり、そのとき庭先に馬を引き出してから贈った。だから「引出物」だ。平安前期に書かれた『宇津保物語』にも記述がある。馬だけでなくタカやイヌをそえることもあった。

しかし、馬は、贈るほうも、もらうほうも、それなりに負担が大きいので、やがて、馬代と称する金銭を贈るようになり、その風習が披

露宴の招待客に贈られる引出物につながった。

結婚の引出物は、はじめ料理の折り詰めだったが、だんだん、ご祝儀へのお返しの意味が強くなり、昨今は、好きなものをカタログから選んでもらうというスタイルが多い。

「五十歩百歩（ごじっぽひゃっぽ）」と「目くそが鼻くそを笑う」は同じか？

同じ、だ。「五十歩百歩」を説いたのは、紀元前4世紀ごろ活躍した中国の孟子（もうし）である。
その孟子に、ある国の王が「自分は、人々を苦しませてはいけないという先生の教えに従って、隣の国の王よりよい政治を行なっているつもりだが、よくならない。なぜでしょうか？」とたずねた。
孟子はこれに、「では、戦争を例に考えてみましょう。戦いが始まると、ある兵士は50歩逃げ、別の兵士は100歩逃げた。このとき、50歩の兵士が100歩の兵士を卑怯者（ひきょうもの）と言ったらどうでしょうか？」とたずねた。

これに対して、王が「50歩も100歩も、逃げたことにかわりない」と答えたので、孟子は、「それがおわかりなら、隣の国と比べることがまちがいだということも、おわかりでしょう」と諭した。悪政を続けている隣の国と「五十歩百歩」だと、王に気づかせたのである。「目くそが鼻くそを笑う」と同じことである。

餅に カビが生えることを、なぜ、「かぜをひいた」と言うか？

正月がおわってしばらくすると、餅にカビが生えひびが入る。これを「餅がかぜをひいた」という。なぜ、カビやひび割れが「かぜをひく」なのか？

その前に、病気はふつう「かかる」だが、なぜ、かぜだけ「ひく」なのだろうか。それは、「ひく」は「引く」で、「吸い込むこと」だからだ。昔の中国では、「かぜ」は気象の風だけでなく、広く、人体になんらかの影響を及ぼすもの（＝空気）と考えられていた。いい「かぜ」を吸えば気分がよくなり、悪い「かぜ」を吸えば病気になる。これが平安時代に伝わり、江戸時代には、悪い「かぜ」は「風邪」と呼び、明治になると、「かぜ」は「風邪」と書くようになった。

さて、「餅がかぜをひく」だが、人が悪い空気を吸い込むと病気になることから、餅も悪い空気に当たると、かびが生えたりひび割れたりすると考えられた。そこで「餅がかぜをひく」となり、同じ意味で「茶がかぜをひいた」「味噌（みそ）がかぜをひいた」と広く使われた。

最近は「タイヤがかぜをひいた」というのもある。ひびが入ったのである。

選手を指導する「コーチ」は、もとは「四輪馬車」。なぜか？

コーチという言葉の本来の意味は、「4頭立ての大型四輪馬車」である。

15世紀に、ハンガリーのコーチ（Kocs）という町で、農閑期（のうかんき）の収入源として生産された。当時は道が荒れていたので揺れがひどかったが、この馬車は衝撃を吸収する鋼鉄ばねのサスペンションを装備したので、乗り心地がよかった。そこでヨーロッパ中で評判となり、馬車の代名詞となった。

時代が移り、やがて馬車そのものではなく、御者（ぎょしゃ）のことをコーチと呼ぶようになった。進化した馬車は大型化し、6頭の馬がひいたから、御者（コーチ）は、同時に多くの馬を操らなければならない。そのことから、19世紀になると家庭教師をコーチと呼んだ。というのは、御者のごとく上手に数人の教え子をコントロールしなくてはならなかったからである。ここから、選手の成績が上がるよう指導する人もコーチとなったわけである。

前任者の地位につくことは「後釜（あとがま）に座る」。後釜とは？

「A常務の後釜には、B部長が座るらしい」「剛腕（ごうわん）O氏の後釜に座れる政治家はいない」などと、「後釜」は、ふつうによく使われている。また、後妻になることを「後釜に座る」と表現することもある。で、後釜とは何かということだが、炊飯器でご飯を炊（た）く現代生活ではわからない。かまどで炊いていた時代は、炊きあがったら火が燃えているうちに汁物、煮物など次の釜をかけた。後釜である。

だから、交代するといってもバトンタッチという感じだから、何年もの空白があるような交代には当てはまらない。後妻の場合も、前妻の記憶が、周りの人に強く残っているあいだは、後釜に座ったと言われる。

万物はつねに変化するという「諸行無□」。□に入るのは何？

「情」ではない。それでは「ああ無情」だ。正しくは、「常」、「諸行無常（しょぎょうむじょう）」である。人間も世間も自然も、この世のいっさいは絶えまなく変化を続け、永遠に変わらないものはひとつもない、という仏教の根本を文字にあらわしたものだ。『平家物語』の根底を流れる思想である。

『平家物語』巻一　冒頭より「祇園精舎」を記しておく。

祇園精舎（ぎおんしょうじゃ）の鐘（かね）の声（こえ）、諸行無常（しょぎょうむじょう）の響（ひび）きあり。娑羅双樹（しゃらそうじゅ）の花の色、盛者必衰（じょうしゃひっすい）のことわりをあらはす。奢（おご）れる人も久しからず、唯（ただ）春の夜（よ）の夢のごとし。たけき者も遂（つい）にはほろびぬ、偏に風の前の塵に同じ。遠く異朝をとぶらへば、秦の趙高・漢の王莽・梁の周伊・唐の禄山、是等は皆旧主先皇の政にも従はず、楽みをきはめ、諫をも思ひいれず、天下の乱れむ事をさとらずして、民間の愁る所を知らざっしかば、久しからずして、亡じにし者ども也。近く本朝をうかゞふに、承平の将門・天慶の純友・康和の義親・平治の信頼、此等は奢れる心もたけき事も、皆とり〴〵にこそありしかども、まぢかくは六波羅の入道前太政大臣平朝臣清盛公と申し人のありさま、伝うけ給るこそ、心も詞も及ばれぬ。

第6章

選ばれることを「白羽(しらは)の矢が立つ」と言う。なぜ、白羽か？

悪事をはたらく仲間は「同じ穴のムジナ」。なぜ、ムジナか？

無関係に見えるAとBが、同じ汚職事件の裏でつながっていたとわかったとき、「同じ穴のムジナだった」と言う。「同じ穴のタヌキ」「同じ穴のキツネ」と言うこともある。ムジナとはアナグマのことだが、よくタヌキとまちがえられ、地方によってはタヌキをムジナと言ったり、アナグマとタヌキをムジナと言ったりするが、タヌキがイヌ科でムジナはイタチ科だから、ちがう種類である。ただ、タヌキはムジナのすみかの穴を使うこともあるので、同じ穴にいることもある。

タヌキもキツネも昔から人をだます、ずるい動物とされ、ムジナもそういった事情から仲間と見なされた。だから「同じ穴のムジナ」である。

選ばれることを「白羽の矢が立つ」と言う。なぜ、白羽か？

会社勤めをしていれば、「白羽の矢が立つ」というフレーズはよく使われる。

「こんどのプロジェクトのチーフは、君に白羽の矢が立った」「次の社長秘書は、あなたに白羽の矢が立ちました」などなど。

皆の中から選ばれるのだから晴れがましいことではあるが、実は、これはもとは逆の意味だった。

古来の言い伝えによると、人身御供（いけにえ）をさし出すよう求める神が、お目当ての少女がいる家のかやぶき屋根に目印として放ったのが白羽である。多くの中から犠牲者として選ばれたわけだ。だから選ばれたといっても、決して晴れがましいものではない。それがいつからか「いけにえ」のイメージが薄れ、「選ばれる」が強調されるようになった。

「白羽」は神様が立てる矢羽だから白。白は神聖で神秘的な色とされており、白馬や白蛇は神様の使いとされている。

「鰯の頭も信心から」と言うが、なぜ、イワシか？

臭いからである。イワシの頭をヒイラギの葉とともに戸口に掲げるのは、節分の日

だ。鬼がいやがる悪臭のイワシの頭とトゲトゲのヒイラギの葉で、家の中に入ってこないようにし、また、「鬼は外、福は内」と言いながら、豆を撒(ま)いて追い払うのである。

平安時代からの言い伝えによると、鬼は地獄の閻魔大王(えんまだいおう)の手下で、人間の悪事をいちいち報告するために遣(つか)わされたという。人間に災いをもたらすものたちだ。

しかし、鬼は悪臭が嫌いなので、イワシの頭で追い払うことができるとされ、それを信じる人は戸口に掲げる。信じる者は救われるのだ。

ところで、ヨーロッパで人々に嫌われているのは吸血鬼ドラキュラだが、鬼と同様、悪臭が苦手である。こちらはニンニクだ。

ワイシャツを「Yシャツ」と書くのはまちがい。なぜか?

「Yシャツ」という名称がまかり通っているのだから、まちがいだと取りあげても始まらないかもしれないが、「ワイシャツ」の「ワイ」を「Y」としただけだから、本当にまちがいである。なぜなら、ワイ

シャツは和製英語であり、英語ではホワイトシャツだからだ。

なぜホワイトシャツがワイシャツになったか？

明治5年（1872）に宮中の礼服が定められ、燕尾服（えんびふく）用にホワイトシャツが採用され、そのあと背広の下にも着るようになった。その際、外国人の「ホワイトシャツ」の発音の「ホワイト」が「ワイ」と聞こえたので「ワイシャツ」となった。それが明治末から大正時代にそのまま広まった、というわけだから「ワイシャツ」は外国では意味不明となる。

「空中楼閣（ろうかく）」と「砂上楼閣」は同じか？　ちがうか？

「君の構想は空中楼閣ではないか？」「あなたのほうこそ、砂上楼閣でしょう！」と言い合うことがある。どちらもすぐ消えるが、「空中楼閣」は実体がなく「砂上楼閣」は実体があるという点で、ちょっとちがう。

「空中楼閣」とは蜃気楼（しんきろう）である。気温差によって大気の密度に濃淡（のうたん）ができると、光が屈折し、地上や水上の物体が空中に見える。このことから18世紀の中国の『通俗編（つうぞくへん）』

という書物に「言行(げんこう)の虚構(きょこう)なるものを称して『空中楼閣』という」と、いつもつくり話をする人と書かれている。まったく実体のない話、根も葉もない空想である。

その点、「砂上楼閣」は崩れやすいとはいえ、実体はある。しかし、土台がしっかりしていないので危なっかしい。そして両者を比べると、「空中楼閣」は消えるが、「砂上楼閣」は土台から直せば消えないかもしれない、という点でちがう。

次々にできることを「雨後の筍(たけのこ)」と言う。なぜ、筍か？

「携帯ショップが雨後の筍のようにできた」とは、雨が降って地面が水気を含んだあと、あっちこっちに筍が頭を出してくるように、新しいショップが次々と開店したということだ。

筍は生命力が非常に強く、生長スピードが速い。勢いのあるときは一日1メートル以上伸びることもある。筍という漢字は「たけかんむり」に旬だが、「旬」は10日という意味なので、筍は10日で竹になる、という意味を含んでいる。あっちこっちでどんどん伸びて竹になるのである。

無理を通すことを「横紙破り」と言う。なぜ、横紙か？

横紙破りとは紙をヨコに破ることだが、紙にタテとヨコがあるのかと思うかもしれない。あるのだ。ただし、本や新聞紙といった洋紙ではなく、ここでは和紙の話である。

和紙はコウゾやミツマタといった植物からつくられ、繊維が一列にそろって並んでいる。並んだ方向がタテ、直交する方向がヨコである。この繊維は長いので、タテに裂くのは簡単だが、ヨコにはなかなか破れない。それでも破ろうとしたら、かなりの力を要する。その結果、紙はズタズタになる。

このことから、何事かを無理やりすることを「横紙破り」と称し、さらに、世の中の習慣にさからって波風を立てる、という意味になった。

フリーマーケットは、「蚤の市」か？　「自由市場」か？

外国旅行の楽しみはフリーマーケットだという人は少なくない。古着や雑貨など、思いがけないものが並んでいる。この市は19世紀にパリ郊外で開かれたガラクタ市が始まりとされ、蚤がつくほど古いものを売っているので、「蚤の市」と呼ばれた。

その後、英語圏にも広がり、英語でノミは flea だから「Flea Market（フリーマーケット）」と呼ばれた。日本では昭和54年（1979）に最初に開催されたとされる。誰でも自由に売ったり買ったりできるというので、こちらは「Free Market（フリーマーケット）」となった。カタカナ表記は同じである。

Flea Market

ところが、日本語の誤用を取りあげた本には、必ず、Free Market は Flea Market のまちがいと指摘されている。「自由市場」ではなく「蚤の市」である、と。しかし、日本フリーマーケット協会のホームページを見ると「本来『蚤の市』と訳される『Flea Market』を日本で開催するにあたり、誰もが気軽に参加できるよう親しみを込めて『Free Market』とした」と書いてある。もともとの語源は語源として、日本では「自由市場」でいいのだった。

「しのつく雨が音もなく降り続いている」は、どこがまちがい？

「しのつく雨」はどんな雨か。しとしと降り続く雨と思っているなら、まちがい。そんな女性的でおだやかな雨ではない。漢字まじりだと「篠突く雨」だから、篠竹（山地に密生している2メートルくらいの笹）が次から次へと突きおろしてくるような、激しい雨である。

地面に当たってはね返り、雨音も激しい。ザンザン降りだ。歌川広重の『東海道五十三次　庄野』の光景がまさにそれ。有名な浮世絵なので見たことがあるかもしれない。「しのつく雨の中に思いきって飛び出した」なら、いい。

やじることを「半畳(はんじょう)を入れる」と言う。なぜ半畳か？

江戸時代には、歌舞伎(かぶき)だけでなく、娯楽としての演劇が大衆化し、いろいろな芝居小屋で興行が行なわれていた。それらの客席は板敷きだから、客は半畳のゴザを座布団代わりに敷いて座った。

そこで、役者が気に入らなかったり、芝居が下手くそだったりすると、腹立ちまぎれにこのゴザを舞台に投げ込んだ。大相撲で横綱が平幕に負けると座布団が土俵にみだれ飛ぶのと同じような状態だ。そこから、やじること、非難することを「半畳を入れる」と言った。

「急がば回れ」は、なぜ、回れか？

「急がば回れ」は、室町時代後期の連歌師(れんがし)・宋長(そうちょう)が連歌の一句として詠んだ「もののふの矢橋(やばせ)の船は速けれど　急がば回れ　瀬田(せた)の長橋(ながはし)」がもとになっている。

当時、東海道の旅人は、近江八景のひとつ矢橋に出て、船で琵琶湖を渡るか、瀬田から橋を渡って陸路を進むかだった。

もちろん、船のほうが距離も短く景色もいいので、多くの旅人はそちらを選んだ。しかし、比叡山からの強風が湖面を吹き抜けて足留めを食らったり、最悪、遭難したりすることもあった。そこで、急いでいるなら危険のある近道より、遠回りでも確実なほうがいい、という警告の慣用句ができた。

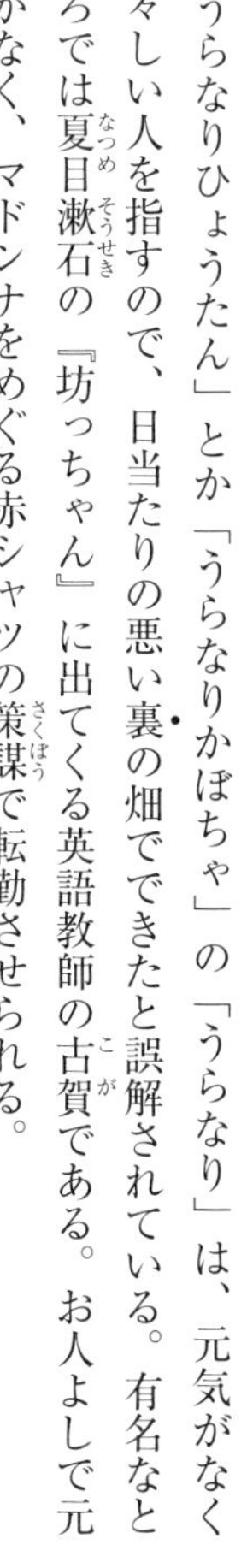

元気のない人を「うらなり」と言う。「うらなり」とは？

「うらなりひょうたん」とか「うらなりかぼちゃ」の「うらなり」は、元気がなく弱々しい人を指すので、日当たりの悪い裏の畑でできたと誤解されている。有名なところでは夏目漱石の『坊っちゃん』に出てくる英語教師の古賀である。お人よしで元気がなく、マドンナをめぐる赤シャツの策謀で転勤させられる。

しかし、「うらなり」は、本来、枝やツルの先っぽにできた、かぼちゃやひょうたんのことだから、栄養が届いていなくて未成熟なだけである。漢字で書けば「末生り」だ。日当たりの悪い裏の畑に生（な）ったから「うらなり」ではない。

「もっけの幸い」は「儲（もう）けの幸い」じゃない。何か？

「公務員になったら官舎があるのでもっけの幸い」といったふうに、「もっけの幸い」は使うので、漢字まじりだと「儲けの幸い」と勘ちがいされやすい。

本当は「勿怪（もっけ）の幸い」で、勿怪は「物の怪（もののけ）」だから妖怪である。鬼、化け物、憑（つ）き物、山姥（やまんば）、座敷童子（ざしきわらし）などだ。どれもふつうの人の想像を超える奇妙で不思議なものたちだから、「意外」である。そこから「もっけの幸い」は「意外な幸せ」「思いがけない幸運」という意味につながった。

物の怪は、たたりや恐怖だけではなく、ときには幸福も運んでくれる。

安値で買った株が値上がりしたり、また、ふつうの人が脚光を浴びて有名人の仲間入りをしたりすることを「大化けした」と言うが、これも「物の怪」の化け物のしわざかもしれ

ないのだ。

相手に一任することは「下駄をあずける」。なぜ、下駄か？

昔は、下駄をはいて外出した。下駄はカランコロン音がするので劇場や寄席などでは入り口で下足番という係の人があずかり、客は上履きにかえた。また、大きな料屋などでも下駄をあずかった。入り口に履物が散乱しないよう片づけるためだが、食い逃げを防ぐという別の目的もあったらしい。

というわけで、いったん下駄をあずけると、下足番を通さず勝手に帰ることはできない。大げさに言えば、「白紙委任」したのと同じだ。だから全面的に相手に任せることを、「下駄をあずける」と言う。

「口先三寸で世を渡る」は1字まちがい。どこか？

「口」がまちがい。正しくは「舌先三寸」だ。「寸」は昔の長さの単位で、一寸は3

センチほどだが、この場合、舌の長さではなく、早口で、心のこもっていない話をペラペラまくし立てることをあらわしている。といっても、早口の人の話に心がこもっていないというのではない。舌先三寸でも口先三寸でも同じように思えるが、慣用句だから舌先でなくてはならない。

これとよく似たまちがいに、「口を濁す」がある。その場限りのことを言って取りつくろうことだが、正しくは「お茶を濁す」だ。茶道の心得のない人が、いい加減にお茶を濁らせて、抹茶のように見せかけたことに由来する。

「手前勝手な御託を述べる」は、どこがまちがい？

正しくは、「御託を並べる」だ。「つべこべ御託を並べるな。いっぺん言えばわかるよ」などと使う。

御託は御託宣を約めたもの。神様を信じてお祈りをささげていると、やがて神様が神職に乗り移り、その口を通じて意思を伝える、とされている。それが御託宣だから、もともとはありがたいものだ。しかし、畏れ多くも、耳を傾けても、何を述べているのかわからないうえ、くだくだしいので、聞いているほうは、だんだんありがたみが薄れ、いい加減にしてくれという気持ちになる。すなわち、同じことが次々くり出されているように聞こえるので「並べる」である。

「多岐亡□」は、方針が多すぎて迷うことだが、□は何？

「羊」だ。「多岐亡羊」である。あまり知られていない四字熟語かもしれない。方針が多すぎてどれを選んだらいいかわからないことだ。古代中国の『列子』の故事がもとになっている。

　ある学者の隣家のヒツジが1頭逃げ出したので数人が追いかけた。しかし、途中、分かれ道がたくさんあり、どの道を逃げたのかわからなくなった。帰ってきた人にその話を聞いた学者は、なぜか、じっと考え込んでしまった。

　その様子を見た弟子は、ヒツジが逃げたくらいで何を考えているのかと思ったが、後年、自分が学問の道に進んで気づくことがあった。真理にいたる道は多岐にわたり一本道ではない、と。

あのとき、ヒツジが逃げ込んだ道が多岐にわたってどの道かわからなかったように、学問の道も、修業をいくら積んでも本筋にいたるのは難しい。そのことを師は考えていたのだ。

この故事から、方針が多岐にわたり、どれにすべきか決められないことを「多岐亡羊」と言う。

目先のことにとらわれる愚かさは「□三□四」。□に入る漢字は？

「朝三暮四〈ちょうさんぼし〉」、だ。同じ結果になるのに、目先の利益にとらわれることである。これは『列子』の次の故事から生まれた言葉だ。

宋の狙公が、飼っているサルたちにトチの実を与えるとき、「朝に三つ、夕暮に四つにしよう」と言ったところ、サルた

ちは少ないと怒った。そこで、「では、朝に四つ、夕暮に三つにしよう」と言うと、サルたちは大いに喜んだという。このことから、人を巧みに言いくるめてだます、という意味で使われることもある。

「キワモノをつかまされた」のキワモノとは？

広告を見てよさそうに思ったので、買ってみると、ろくでもないものだったときなど、「キワモノをつかまされた」と腹が立つ。キワモノは、漢字で「際物」と書き、『広辞苑』には、「入用の季節のまぎわに売り出す品物。その時を失すれば無用・無価値となる。正月の門松や三月のひな人形などの類」とある。だから、もともとは、ろくでもないものという意味ではなかった。

ただし、「時期を失すれば無用・無価値となる」という点を特に強調すれば、その意味は変わってくるので、一発屋の芸人や歌手をキワモノと呼んだり、直近（＝まぎわ）の事件を題材にした映画や演劇もキワモノと称したりした。そういったものは粗製濫造に傾きやすいので、ここで、キワモノに「ろくでもないもの」という意味がくっついた。

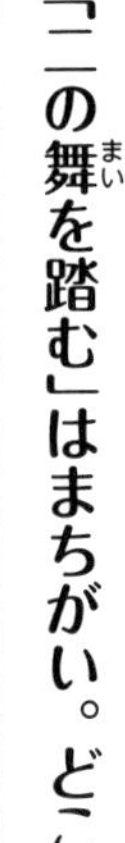

「二の舞を踏む」はまちがい。どこか？

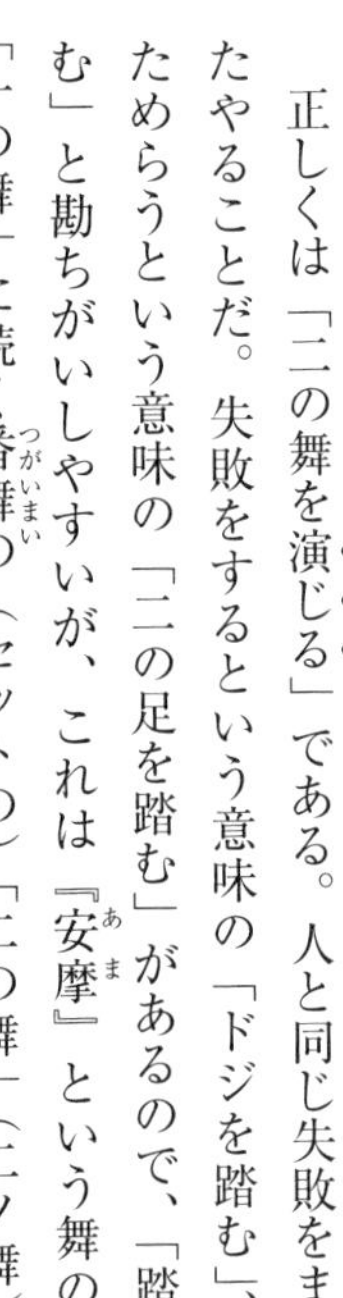

正しくは「二の舞を演じる」である。人と同じ失敗をまたやることだ。失敗をするという意味の「ドジを踏む」、ためらうという意味の「二の足を踏む」があるので、「踏む」と勘ちがいしやすいが、これは『安摩』という舞の「二の舞」に続く番舞の（セットの）「二の舞」（二ノ舞）だから「演じる」でなくてはならない。

天平8年（736）に林邑（今のベトナム・フエ）から、帰朝する遣唐使とともに来日した仏哲という僧が伝授したこの舞は、「一の舞」で玄人の踊り手が失敗を演じ、「二の舞」では素人に扮した踊り手が「一の舞」を見よう見まねで演じて、やはり失敗してしまうというもの。

そこから、人と同じ失敗をくり返す、という意味になった。

余談になるが、この渡来僧・仏哲は、天平勝宝4年（752）の東大寺大仏開眼供養で天皇に舞を献上した。

『旧訳聖書』と『新訳聖書』は両方まちがい。なぜか？

パソコンで入力すれば正しい漢字が出てくるので、まちがう人はあまりいないが、記憶は別。ひょっとしてあなたも見出しのように覚えているのではないか。

正しくは『旧約聖書』『新約聖書』である。聖書は翻訳で読むので「訳」と思ったかもしれないが、正しくは「約」である。これは契約の「約」で、神との契約である。『旧約聖書』の場合は、イエス・キリスト以前の、預言者と神との契約を記したもの、『新約聖書』は、キリストの言葉や奇蹟を、死後、弟子たちが書いたものである。

「牛を引いて善光寺参り」はまちがい。なぜか？

「牛を引いて」がまちがい。「牛に引かれて善光寺参り」だ。

昔、長野の善光寺の近くに、ある老婆が住んでいた。お寺の近くなのに一度もお参りをしたことがなかった。ある日、隣の家の牛が角に老婆の布を引っかけて走り出した。追いかけていくとお寺に入った。そのときはじめて、老婆はそこが善光寺であることを知ったのである。

それからは、ちゃんとお参りを欠かさず、信心を篤くしていったという。余談になるが、見出しの「牛を引いて」は表記だけでなく内容もまちがい。なぜなら、牛は引いても動かないからである。牛の鼻輪にヒモをつけ柵に結んでいるのを見て、ヒモを引っ張れば移動できると思うかもしれないが、まちがい。引っ張れば引っ張るほど動かなくなる。だから、牛は後ろから追う。ついでに、馬は、後ろに回ると蹴とばされるので、前で手綱を持って移動する。

子どもの教育環境を整える「□母三遷」。□に入る字は？

孟子の「孟」だ。「孟母三遷」である。性善説で知られる孟子は孔子と並ぶ古代中国（戦国時代）の儒学者である。少年時代に父と死別し、母子家庭で育った。

この四字熟語は、この母が子の教育のために3回引っ越したことによる。

はじめ母子は、墓地の近くに住んでいたが、わが子が葬式ごっこばかりする。教育上よくないと考えた母親は、町の市場の近くに引っ越した。すると、孟子は商売のまねごとに夢中になり、勉強に身を入れなかった。母親はすぐ家をたたみ、今度

は学校の近くに移った。ここで孟子は、生徒たちのまねをし、礼儀正しく毎日本を読み、文を書き、勉強にはげんだ。

こうして成長した孟子は、武力による政治を批判し、思いやりを基本とする王道政治を主張した。王が民衆に見放されたら、支持の得られる王に交代すべきだという易姓革命をかかげ、弟子とともに諸国を説いて回った。

「孫にも衣装」は1字まちがい。どこか？

圧倒的人口を擁する団塊の世代（昭和22〈1947〉～昭和24年生まれ）が全員70

歳を超えた。曽孫(ひまご)もいる年代となり、「孫にも衣装」と勘ちがいする人が少なくないという。どんな勘ちがいか？　見出しのまちがいは「孫」。正しくは「馬子(まご)にも衣装」である。

昔、馬子は客や荷物を馬で運ぶ仕事で汚れてもよい身なりをしていた。そんな人でも、衣装しだいでパリッとして見える。どんな人でも衣装をきちんとすれば、それなりに見える、ということだ。

だから、「孫にも衣装」も、どんな孫でも衣装をちゃんとすればかわいく見えるということになるが、孫にそんな目を向ける人はいない。

単に音(おん)に漢字を当てただけのまちがい、ということである。

「臥□嘗胆」は成功のため苦労に耐えること。□は何？

「臥薪嘗胆〈がしんしょうたん〉」だ。成功を目指し苦労に耐えることだが、復讐(ふくしゅう)のため、あらゆる辛苦(しんく)を耐え忍ぶという故事から出た四字熟語である。

紀元前6世紀末、古代中国の春秋(しゅんじゅう)時代のこと。越(えつ)に負けた呉(ご)の王は、息子の夫差(ふさ)

に無念を晴らすよう、言い残して死んだ。

夫差は父の恨みを忘れないため、薪の上に寝て屈辱を嚙みしめた。臥薪である。

そのかいあって越の王・勾践の軍を破り降伏させた。勾践は馬小屋の番人を命じられるなど屈辱を受けたのち越に帰国させられた。しかし、心の奥深く復讐の誓いを秘め、富国強兵に力を注いだ。そして、毎日、屈辱を忘れないため苦い肝を嘗めた。嘗胆である。そして、12年ののち、呉に攻め込み、夫差の軍を打ち負かした。夫差は降伏を申し出たが、王の地位にとどまることを勾践が許さなかったので自殺した。

このように、復讐のため苦労を耐え忍ぶことが臥薪嘗胆だが、今は、成功を目指し苦労をいとわないという意味でも使う。

「出る釘は打たれる」はまちがい。なぜか？

「釘」ではなく「杭」、「出る杭は打たれる」だ。釘も杭も、たたいて打ち込むのは同じだが、釘が頭まで打ち込むのに対し、杭は柵や目印にするもので長い棒を何本か横並びに打ち込み、その中に「出る杭」があれば、ほかと同じ高さになるまで打つ。

そのことが、日本の社会では、「一人だけ目立つとたたかれる」という教訓になっている。

目立つとたたかれるので、「能ある鷹は爪を隠す」という教えは、これまでの時代は美徳とされてきたが、グローバル社会の今、ビジネスマンの座右の銘は、「能ある鷹は爪を隠してはならない」であろう。現代の「出る杭」は、打たれても簡単にはへこまない。「出る杭はもっと飛び出る」かもしれないのである。

口うるさい妻を「山の神」と呼ぶ。なぜ、山の神？

「山の神」とは、正月の箱根駅伝で山登り5区を走るランナーのことだと思っている人もいるが、夫たちのあいだでは、昔から、恐ろしいものの代表ということで「口うるさい妻」を指す。なぜ、恐ろしいか？

日本人は祖霊信仰といって、ご祖先さまが自分たちを守ってくださると考え、山にその「山の神（先祖の霊）」がいると信じてきた。

この神は春になると里におり、「田の神」になる。「田の神」は豊穣（ほうじょう）の女神だから、「山の神」も女神である。地方によっては出産をつかさどる神でもある。そして、女神であるがゆえ、女性を嫌うとされ、最近まで山に女性が入るのを禁じる女人禁制（にょにんきんせい）があった。

こうしたことを背景に、夫たちは、はじめ妻のことを謙遜（けんそん）して「山の神」と呼んでいたのだが、やがてそれが、冗談半分、からかい半分の言い草として広まった。

「厚顔無知なやつだ！」は、1字まちがい。どこか？

正しくは、「厚顔無恥〈こうがんむち〉」だ。字を見ればわかるが、厚かましく恥知らずなことである。

中国最古（紀元前10世紀ごろ）の詩集『詩経（しきょう）』に、言葉巧みに人をたぶらかし、外面（そとづら）をよく見せることを「顔の厚きや」と表現している箇所がある。

これは漢文で「厚顔」だが、日本には平安時代に伝わり、自己保身に走る内面の醜さをあらわす言葉となった。これに「無恥」が加わって、厚かましく恥知らずなこと、と強調された。

ふつうの人は自身の「恥ずべきこと」に気づくと副腎(ふくじん)からアドレナリンが分泌(ぶんぴつ)され、心臓がドキドキし、顔が赤くなったり、青くなったりするものだが、「厚顔」の人は平気である。ドキドキもしないらしい。もちろん、動じないし、顔色ひとつ変わらない。

第7章

じゃけんな態度を「けんもほろろ」と言う。「けんもほろろ」とは？

じゃけんな態度を「けんもほろろ」と言う。けんもほろろとは？

「けんもほろろ」は、キジが「けん」と鳴き、「ほろろ」と羽ばたく音であると江戸時代の国語辞典『和訓栞』(谷川士清編)に書かれている。また、「ほろろ」も鳴き声だとする説(『広辞苑』『大言海』など)もある。

いずれにせよキジが語源で、それはなぜかというと、キジの「ケーン」という鳴き声がその姿かたちとかけ離れ、権力者が感情を込めず言い放つ冷たい言葉のように聞こえるので、じゃけんな態度、無愛想な表情、にべもない返事を指すことになった。もちろん、キジにそんなつもりはない。

キジは飛ぶのは得意ではなく、その分、走力があり、森や林を時速30キロメートルくらいのハイ・スピードで駆け抜ける。また、意外と知られてないが、日本の国鳥でもある。

参考までにアメリカの国鳥はハクトウワシ、イギリスはコマドリ、モンゴルはオジロワシだ。国鳥は狩猟禁止がふつうだが、日本のキジ

は狩猟してもよい。肉は美味である。このため毎年、狩猟解禁前に人工飼育のキジが10万羽近く放鳥されている。

「まだ一抹（いちまつ）の望みが残されている」は、どこがまちがい？

「一抹」がまちがい。見出しの例文は、「望みが消えたわけではない。ちょこっとではあるが、可能性はある」ということだが、実は、「ちょこっと」にも「ほとんどないに等しい、無視していいくらいのちょこっと」と、「少しだけど、ちゃんとあるという希望を持てるちょこっと」……といろいろある。

「一抹（いちまつ）」は、絵筆で一撫（な）でしたくらいだから「かすか」。つまり、「ほとんどないに等しい無視していいくらいのちょこっと」である。だから、この言葉のあとに続くのは、無視してはならない「望み」ではなく、「不安」であるべきだ。わずかだが「望み」があると言う場合は、「一縷（いちる）の望み」である。一縷は一本の細い糸だから、それなら、「細いけどちゃんとつながっている」という意味となり、希望につながる。

定年後の夫を「濡(ぬ)れ落ち葉」と言うのは、なぜか？

「濡れ落ち葉」は、平成元年（１９８９）ごろに、定年後の夫を指す言葉として生まれ、ずいぶん流行した。ペッタリくっつくと離れない濡れ落ち葉に掛け、一日中そばにいるだけでなく、妻が出かけるときも、「オレも」と、どこにでもいっしょにくっついてくる夫を指す。

これは精神医学でいう「燃え尽き症候群(しょうこうぐん)」に当たるという指摘も当時はあった。現役時代は仕事一筋だったが、定年後、会社から離れると、新しく何かを始めるノウハウも人間関係もなく、すべてのことに意欲とエネルギーを失っている状態である。だが、今は人生１００年時代。定年を見据えて、新たな種を蒔(ま)く夫も増えてきている。

「新規巻き直しで再挑戦だ！」は１字まちがい。どこか？

「巻き直し」がまちがい。「蒔〈ま〉き直し」だ。頂点を目指して頑張ってきても、優勝がかかった大切な試合に負けることもある。そんなとき監督は、「このくやしさをばねに、また、一から出直そう。新規蒔き直しだ」と言うだろう。

「蒔き直し」は種を蒔いたにもかかわらず芽が出ないとき、もう一度あらためて蒔き直すことだから、「巻き直し」では意味が通らない。「巻き返す」というまちがいもあるが、これは勢いを戻すということだから、負けてしまってからでは、あとの祭りだ。

決着しない言い合いを「水掛け論」と言うが、なぜ水か？

この水は田んぼの水である。田んぼの水を掛けるのは、言い合いがケンカになるからである。今の農家はポンプの機械力で田んぼに水を引くことが多いが、昔は、川や池から村の皆が協力して水路をつくり、引き入れた。

しかし、上流にある田んぼから水を入れていくと、下流に水が届くのは、ずっとあとになる。雨が降らないときは、水が足りなくなる。だから、話し合いによって順番を決めた。しかし、順番を守らなかったり、勝手に自分の田に水を引く者（我田引水）も出てきたりして、言い合いになる。そのうちエスカレートしてケンカになり、水を掛け合う者もいた。水掛け論だ。狂言の『水掛聟』はその様子を題材にしている。娘聟と舅が水掛け論で、最後はケンカになってしまう話だ。

「温古知新」は、どこがまちがい？

「古」がまちがい。「温故知新〈おんこちしん〉」だ。孔子の『論語』の一節、先生の資格として必要なことは何かと問われた孔子が答えたもの。

「子曰、温故而知新可以爲師矣」が原文、「子曰く、故きを温ね新しきを知る、以って師と為るべし」だ。

昔から伝えられていること（故）も、新しいこともよく知っていて、はじめて先生になれるということだが、後半は省略し、昔から伝えられていることをよく理解し、なおかつ、現実をよく見ることが大切という、現代にも通じる教えとなっている。

「昔取った杵柄（きねづか）」の杵柄とは？

杵柄は、餅をつくときの杵の柄（え）のことで、餅をつく腕前は何年たっても衰えないという意味だ。昔は皆、自前で餅をついていた。近所の分もいっしょに引き受けることもあり、つき手の腕は自然にあがった。といっても、大切なのは餅をこねる人とのタイミングである。慣れた組み合わせだと、見ごたえ十分なほどうまくいく。

餅つきだけでなく、何事も体で覚えたものは忘れない。自転車、スキー、水泳、ギターなど。試験勉強で覚えた知識はすぐ忘れるのに、これらは時間がたっても覚えている。なぜなら、試験勉強の知識が大脳で記憶されるのに対し、体で覚えたことは小脳に記憶されるからである。大脳は日々、膨大な量の情報を処理しているので、どんどん忘れないとパンクする。忘れるのが大脳の仕事と言ってもいいくらいだ。

これに対し、小脳は歩いたり、走ったり、姿勢を保ったりと、体の動きをつかさどっている。体を動かすことは生命活動の基本だから箇

単に忘れては困る。だから、一度覚えてしまうと忘れないのである。

「先輩を他山の石として頑張ります」は、どこが変？

言行の意では使わない」とある。だから目上の人に対して使っているところが変だ。

『広辞苑』に、「他山の石」は「本来、目上の人の言行について、また、手本となる

中国で最も古い詩集『詩経』の「他山の石以って玉を攻むべし」から生まれた言葉だ。よその山から出た粗悪な石でも、自分の宝石（玉）を磨くのには役に立つ、それと同じように、自分より劣っている人の言行でも自分の知徳を磨く助けとすることができる、ということ。だから、先輩を「他山の石」と言ってはいけない。

以上が本来の「他山の石」の説明だが、最近は、「粗悪な石＝つまらないもの」というニュアンスをなくし、「友人の失敗を他山の石として受けとめる」と、単に手本や参考という意味で使うことも許容されてきている。本来の意味が薄れてきたのだ。そうだとするなら見出しの文は（本来は変だが）変ではない、ということになる。

人生の栄華ははかないという「一睡の夢」は、どこがまちがい？

正しくは「一炊の夢」だ。

紀元前4世紀ごろ、盧生という青年が故郷を離れ、趙の都の邯鄲にやって来た。そこで道士（仙人）に会い、自分の身の不遇を話したところ、思いがかなうという枕を渡してくれた。さっそく使って眠ると、みるみる出世し嫁をもらい、しかし無実の罪で投獄され、名声を求めたことを後悔し自殺しようとしたが、運よく冤罪が晴れ信頼を取り戻して、そのあとは栄耀栄華をきわめ子や孫にもめぐまれた。しかし寄る年波には勝てず、多くの人に看取られて……と、そこで目が覚めた。

周りを見ると、眠る前にかまどにかけた粟飯がまだ炊きあがっていなかった。そんなほんの短い時間に、盧生は人生の栄枯盛衰を経験したのだった。飯が炊きあがるほどの短い間に見た夢だから、「一炊の夢」である。「邯鄲の夢」「盧生の夢」とも言う。

「三十六計逃げるが勝ち」は、どこがまちがい？

「逃げるが勝ち」がまちがいだ。正しくは「逃げるに如かず」である。どちらも「困ったときは逃げるのが得策」ということだから同じだが、「逃げるが勝ち」では、「三十六計」が活きない。

「三十六計逃げるに如かず」は、「中国古来の兵法には三十六の計略があるが、その中で、逃げるべきとき逃げるのは最上の策である」ということだ。逃げるといっても形勢不利だからひとまず退散するのであって、そこで勝敗がつくわけではない。無謀な戦いをせず、ひとまず引いて再起を図りなさい、という知恵を説いたものである。

「縁は奇なもの味なもの」は、どこがまちがい？

「奇」がまちがい。正しくは「縁は異〈い〉なもの味なもの」だ。この言い回しは、

男女の縁が不思議なめぐり合わせによることを表現したもので、その不思議が人生のおもしろさだということである。「縁は異なもの」と短くして使ってもいい。「異なもの」というのは、あまり耳にしないが、「ふつうとはちがって妙なもの」だから「不思議」ということ。また、「味なもの」にも「不思議なもの」という意味があり、両方とも、男女のめぐり合わせは本当に不思議だと言っている。

見出しで「奇なもの」とまちがえたのは「合縁奇縁（あいえんきえん）」があるからだろう。こちらは男女だけでなく、人と人との間には、気心の合う合わないがあり、それはすべて不思議な縁によるものだということである。

「ケンカが始まったので高見の見物だ」は1字まちがい。どこか？

「高見」がまちがい。「高み」だ。火事やケンカを傍観（ぼうかん）することを「高みの見物を決め込む」と言うが、この「み」は見るの「み」ではなく、川の深みの「み」と同じで場所をあらわす「み」だ。「高み」は高い場所ということだが、さらに、とばっちりを受けなくてすむ安全な場所ということでもある。

花見をしていたら隣のグループでケンカが始まった。「静かにしろ！」と言いたいところだったが、高みの見物を決め込んだ。下手に口出しして、ケンカに巻き込まれたらいやだから、ね。

伸るか反るかの大勝負を「乾坤□擲」と言う。□は何が入る？

「一」だ。「乾坤一擲」である。「けんこんいってき」と読む。天下を取るか失うかの大勝負を言う。伸るか反るか、だ。

これは中国・唐代の詩人・韓愈の詩の一節「真に一擲を成して乾坤を賭せん」からの四字熟語。秦の滅亡後、天下を二分して戦った楚の項羽と漢の劉邦の最後の決戦をしのんでつくられた詩である。

「乾坤」は天下、「一擲」は一度にすべてを投げ捨てることだ。軍事力で勝る項羽に対し、食糧物資で圧倒する劉邦はそれまで何度も相戦い、ともに譲らなかった。

そこで、川を境に東を項羽の国、西を劉邦の国とする和平を結ぶことにした。両軍とも疲弊しきっていたからである。特に、項羽は食糧不足に悩まされていた。しかし、その情報を得た劉邦の家臣は、この機をのがさず項羽を討つことを強く進言した。劉邦はそこで、乾坤一擲の決意をして追撃を開始、項羽を自害に追い込んだ。そして紀元前202年、天下を統一し劉邦は前漢の皇帝に即位した。

ちなみに、井上靖の小説『風林火山』には「信玄はこれを迎えて、乾坤一擲の大合戦を敢行しようと思っていた」という一節がある。

仕事を頼むときは「三顧の礼を尽くせ」と言う。「三顧の礼」とは？

紀元3世紀の中国、後漢から三国時代に活躍し、蜀漢の初代皇帝となる劉備には、関羽、趙雲、張飛など勇猛果敢な家臣が多数いたが知略にすぐれた軍師がいなかった。

そこで、かねて有能な人物だと目をつけていた徐庶に相談すると、自分よりも、臥竜崗に隠遁している諸葛孔明がいいと推薦した。続けて、頼めばすぐ出馬するような人ではないとも言った。

そこで、劉備は自ら孔明をたずねたが、あっさり断られてしまった。しかし、あきらめず、さらに礼を尽くして再度、出馬要請をしたが、またこれもあっさり断られた。直々の要請を断られたのを知って、家臣たちは、ほかの候補に当たるよう進言したが、劉備は断られてますます孔明に強くこだわり、三度（みたび）、臥竜崗をたずねた。さすがの孔明もその熱心さには心を打たれ、ついに軍師を引き受けることにした。

このエピソードから、人に仕事を頼むときは、何度でも訪問し、礼を尽くすべきであるという「三顧の礼」の故事が生まれた。劉備は、小説『三国志演義（さんごくしえんぎ）』の主人公として登場する劉備玄徳（げんとく）である。

変な人を大阪弁で「けったいなやつ」と言う。「けったい」とは？

奇妙な、とか変わっている、という意味の「けったいな」は、今はすっかり大阪弁になりきっているが、明治時代には東京でも使われていたという。

たとえば、名古屋出身で学生時代を東京ですごした坪内逍遥（つぼうちしょうよう）の『桐一葉（きりひとは）』には、「けったいなことの続くのは、何か変事のある知らせ」とある。

「けったい」は、「卦体」が変化した言葉である。

卦体とは、易者が使う算木にあらわれた占いの結果だ。そこから「不思議な」「奇妙な」「変わっている」という意味になり、「けったいな」となった。さらに、「不思議」「奇妙」という「希代」もいっしょに変化して合体したとされる。「卦体」には、「いまいましい」というニュアンスもあり、それは「けったくそ悪い」という言葉になって今も使われている。

「新しき□は新しき革袋に」は、キリストの言葉。□は何？

「酒」だ。『新約聖書』「マタイ伝」にある「誰も、新しいぶどう酒を古い革袋に入れはしないだろう。そんなことをすれば、革袋は裂け、酒は流れ出る。新しい酒は新しい革袋に入れるべきである。そうすればともに長持ちするだろう」という一節からの言葉だ。

新しい思想を取り入れようとするなら、取り入れる側も新しい心構えが必要だ、ということである。

ユダヤ一帯に新たな神の教えを説いて回るキリストに、古い教えにこだわるパリサイ人が非難をぶつけたので、彼らを古い革袋にたとえ、自分自身を変えなくては新しい教えは理解できない、と諭した。

当時、酒ビンはなかったので、ヤギや子牛の革でつくった袋にぶどう酒を入れていたが、ぶどう酒は発酵して内部の圧力が高まるので、古い革袋では破裂してしまうことがよくあった。

「光陰□のごとし」は月日のたつのが早いこと。□は何？

「矢」だ。「光陰矢のごとし」すなわち、「少年老い易く学成り難し」だ。

「光」は日、「陰」は月だから、「光陰」とは月日である。矢のように時間がすぎ去っていくことを表現している。「光陰矢のごとし年齢六十となりぬ」ということだ。身にしみる言葉である。

さて、「光」が出てきたので話題を少し変えて、光速についてふれておこう。

光は1秒間に地球を7周半進む。秒速3億メートル（30万キロメートル）、正確には2億9979万2458メートルだ。これは、「にくくなく2人よればいつもハッピー」と覚えておくとよい。

さて、地球と太陽の距離は1億5千万キロメートルだから光速で8分かかる。今見ている太陽は、8分前の姿だ。宇宙は広大なので、光が1年間で進む「光年」という単位で距離をあらわすが、太陽にいちばん近い恒星（こうせい）は4・4光年彼方（かなた）のアルファ・ケンタウリである。望遠鏡で見るその姿は4・4年前のものだ。

では、300光年彼方の星に宇宙人がいるとして、その人が超々高性能望遠鏡で日本を見たら、何が見えるのだろうか？

300年前の姿だから、江戸時代の様子見える。同様に、天体写真でおなじみの254万光年彼方のアンドロメダ銀河は、254万年前の姿を見ているのである。

そして今、いちばん遠くに見える天体はというと、2011年1月にアメリカのハッブル宇宙望遠鏡のデータから発見された132億光年彼方の銀河（UDFj-39546284）である。

宇宙の年齢は137億歳だから、宇宙が生まれてまもないころの銀河を、私たちは今、観測しているのである。考えてみれば、すごいことではないだろうか。

他人の不運を「お気の毒」と言うが、なぜ、「毒」か？

あまり知られていないが、「気の毒」には反対語がある。『広辞苑』にも反対語として載っている、「気の薬（くすり）」だ。心の保養になること、楽しいことである。室町時代から使われてきた。その反対が「気の毒」だから、（自分が）困難にあって心を痛め、苦しむことである。また、恥ずかしいことや決まりが悪いことも「気の毒」と言った。

このように、もともと自分についての言葉だったのに、なぜ、他人の不運を「お気の毒」と言うか？

それは、他人の苦痛や不幸もまた自分の心をいため苦しめる材料になるからだ。つまり、自分に対するものと同じということで、他人の不運も「気の毒」となった。ただ、他人なので、多くの場合、「お」をつけ、「お気の毒」と言う。今では、こちらの使い方のほうが主流になっている。「気の薬」もほとんど耳にしない。

古い慣習にこだわることは「株を守りて□を待つ」。□は何？

「兎」だ。古代中国・戦国時代の『韓非子』の中にある説話がもとになった故事である。『待ちぼうけ』（北原白秋 作詞、山田耕筰作曲）という童謡になっているので、知っている人は多いだろう。

ある男が田んぼで仕事をしていると、ウサギが田んぼにあった切り株にぶつかり、首の骨を折って死んだ。これ幸いと持ち帰ってご馳走にして皆で食べた。

次の日も、またウサギが来ないかと待ったが来なかった。

次の日も、その次の日も、その次も……ずっと、待ったがウサギは来なかった。そのうち田んぼは草が生え、荒れ放題に。収穫できず、その男は国中の笑い者になった――というもの。これは四字熟語で「守株待兎」、古い習慣を守って進歩がないことをあらわす。童謡『待ちぼうけ』の歌詞を見ておこう。

1・待ちぼうけ　待ちぼうけ
　ある日せっせと　野良かせぎ

そこへ兎が　とんで出て
ころりころげた　木の根っこ

2・待ちぼうけ　待ちぼうけ
しめたこれから　寝て待とか
待てばえものが　駆けてくる
兎ぶつかれ　木の根っこ

（以下、5番まで省略）

「法廷で白黒をつける」はまちがい。なぜか？

世間でふつうに「どっちが正しいか白黒をつける」という場合は、「白黒」でもかまわないが、法廷や国会（議事録）など公（おおやけ）では「黒白をつける」が正しい。なぜなら、それが正式な日本語だからだ。正式というのは、「男女」「雌雄（しゆう）」「左右」「上下」など対（つい）になる言葉は語順が決まっているということ。

「女男」「雄雌」「右左」「下上」とはしない。「黒白」もその仲間だから「白黒」は本来なら変だ。しかし、まちがいとするほど厳密ではなく、よく、世間では「白黒をはっきりさせる」と使っているので、それはそれでいいのだろう。

しかし、公では「黒白をつける」と正しく使う。読みも「クロシロをつける」でなく「コクビャクをつける」である。

第8章

ひどく嫌うことを「毛嫌いする」と言う。なぜ毛？　なんの毛？

「お茶の子さいさい」と言うが、「お茶の子」とは？

農家の朝は早い。特に夏は早い。早起きして、朝食前にひと仕事もふた仕事もするが、さすがに腹が減る。そこで軽く茶菓子を食べてから出かけるのがふつうである。これは今も昔も同じだろう。茶菓子といっても簡単なもので、雑穀（ざっこく）でつくったせんべいや餅などだ。これを「お茶の子」と呼ぶ。食事のように腹の足しにはならないから、たやすくできることのたとえになった。

それに「はやし言葉」の「さいさい」をくっつけて、「お茶の子さいさい」だ。「朝飯前」と同じである。

ひどく嫌うことを「毛嫌いする」と言う。なぜ毛？　なんの毛？

「毛嫌いする」というのは「インテリを毛嫌いする」というふうに感情的に嫌うことを言う。いちど嫌ったらもう絶対に受け入れない。しかも、女性がある特定の男性を

徹底的に嫌うときよく使われる。それもそのはず、これは競馬の世界で、血統馬の牝馬に種牡馬をかけ合わせるとき、オスがメスに嫌われて、どうしても受け入れてもらえない場合に、「毛嫌いされた」と称することに由来する。だから、「毛嫌いする」の「毛」とは、栗毛、芦毛、黒鹿毛などの馬の毛のことだ。

「白い目で見る」は、なぜ、「白い目」か？

中国・魏の時代（3世紀）の末期、それ以前（漢時代）の礼を重んじる儒教思想（道徳）から離れ、老荘思想を中心とする幽玄な哲学を語り合う「竹林の七賢人」と称される知識人がいた。政治家でもあった彼らが酒を酌み交わし、空理空論に身を投じたことが国を傾ける一因だったと、日本での評判はすこぶるよろしくない。

しかし、中国では、当時（三国時代）の混乱した世相で、自由奔放にものを言うのは命がけだったことから、批判精神の発露と評価されている。

そのうちのリーダー的な存在だった阮籍は、白眼と青眼の使い分けができ、儒教思想を重視する人に対しては白眼、老荘思想を重んじる人には青眼で対した。阮籍が喪(も)に服しているとき、ある人が弔問(ちょうもん)に訪れ、礼法どおり丁重にあいさつをしたところ白眼視されて、その人は怒って帰ってしまった。

ところが、その弟が琴と酒を持って訪問すると、今度は喜んで青い目で迎えたという。このことから、人に対して冷たい態度を取ることを「白い目で見る」と言うようになった。

「蓼食(たでく)う□も好き好(ず)き」と言うが、□は何？

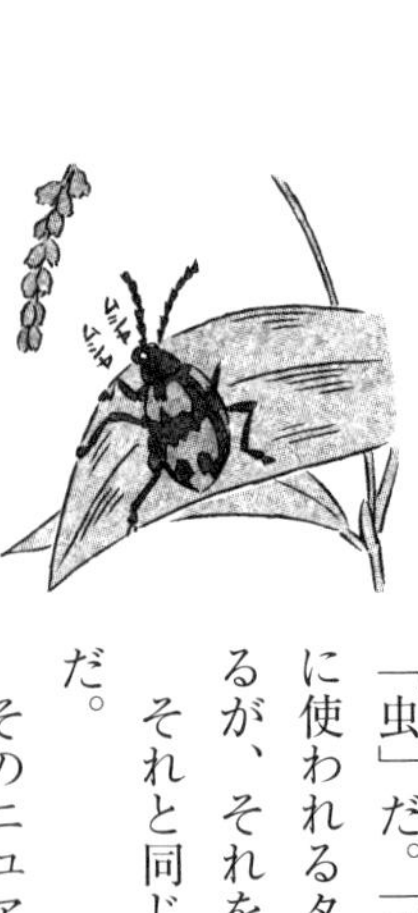

「虫(むし)」だ。「蓼食う虫も好き好き」である。薬味(やくみ)や刺身のつまに使われるタデ（ヤナギタデ）は、独特の香りと強い辛味(からみ)があるが、それを好んで食べるホタルハムシのような虫がいる。

それと同じで、人の好みもさまざまであるという、ことわざだ。

そのニュアンスは、他人が見ると、どこがいいのだろうかと思うようなことでも、当人は好きで好きでたまらないというようなときに使われる。

ただタデは、ふつう、食べられないことから、多くの場合、その人の悪趣味を指している。大きなお世話だが、他人の口はふさげない。タデは、噛むと口の中が「ただれる」ほど辛いので、「タデ」となったとされる。

「合格発表の日は悲喜(ひき)こもごもの顔が見られた」は、何がまちがい？

たとえば、合格発表風景の記事で、会場には、喜びにわく人、がっかりする人がいたことを「悲喜こもごも」と表現したのだが、これはまちがい。

なぜなら、「悲喜こもごも」は漢字で「悲喜交々」と書き、あるときは悲しみの中にあり、あるときは喜びの中にあるということで、同じ人の身に時間をおいて起ることである。

長い人生には「悲喜こもごも」いろんなことがあった、とするならいい。同じ場所、同じ時間に、喜ぶ人、悲しむ人がいるということではない。

「□を矯めて牛を殺す」は枝葉末節にこだわること。□は何？

「角」である。「角を矯めて牛を殺す」だ。「矯める」は矯正するということだから、曲がっているものをまっすぐに整えることだ。

中国の『玄中記』によると、後漢の時代、桓帝が郊外に遊びに出かけたとき、野原で一行の前に立派な牛があらわれた。家臣に捕らえさせたところ、この家臣は曲がった牛の角を矯正しようと斧をふりおろし、あやまって頭を割ってしまった。牛は死に、桓帝は大いに残念がった。この話がもとになって、小さな欠点を直そうとして全体をダメにしてしまう、という故事になった。

「折角なのに」は、なぜ、「折」と「角」か？

「折角、おいでいただいたのに生憎留守で」「折角のお話ですが、お断りします」などと、いろんな場面で使われる「折角」だが、「せっかく」とひらがなで使うことが

多いので、「折」と「角」という漢字を見ると、なんだろうと思う。

中国の後漢の時代、林宗という人がいた。人格識見ともすぐれ、人々の手本となる人物だった。その人があるとき夕立にあった。土砂降りにたたきつけられ、かぶっていた頭巾の先が折れ曲がってしまった。

それを見た人々は、何か考えがあって角を折ったのだと早合点し、それからは、それをまねて頭巾の先をわざわざ折ってかぶった。この話から、わざわざ何ごとかをすることを「折角」と言うようになり、「折角の好意」「折角だからもらっておく」のように使っている。

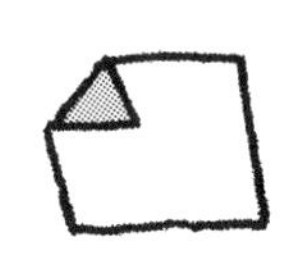
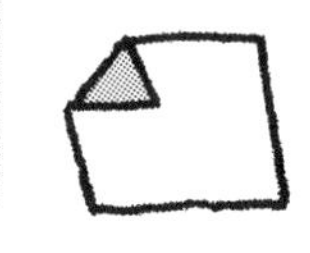

「竜の尾を踏む」は、どこがまちがい？

「竜」が変、「虎」である。「虎の尾を踏む」だ。昔の中国では、最も凶暴で恐れられていたのはトラだった。竜もこわいが空想上の動物なので、本当に危険なのはトラである。そのトラの尾を踏めば逆襲はまぬかれない。
トラは地上を動き回るだけでなく、木にも登り、泳ぎもうまい。イノシシやシカを

狙うが、牛や馬、スイギュウなどの家畜、アジアゾウ、サイ、クマ、オオカミなども餌食にする。もちろんサルも人間もだ。少なくとも一日15キログラムは食べ、多いときは30キロ近くたいらげる。だから、多くの獲物が必要だ。

標的を見つけると音もなく忍び寄り、いきなり飛びかかる。いったん狙われたらこれほど恐ろしい動物はいない。しかも、単独行動で姿を見せないので不気味である。「虎を野に放つ」という言葉もある。凶悪犯を無罪放免したときなどに使う。

「泣く子と地蔵には勝てぬ」はまちがい。どこか？

「地蔵」がまちがい。「地頭」である。「泣く子と地頭には勝てぬ」だ。

地頭は平安末期から存在したが、正式には鎌倉幕府が朝廷から許しを得て全国に配置した役職で荘園の管理運営を行なった。軍事・警察権を持つが、最も大切なのは租税の徴収だった。何しろ、税務署と軍隊と警察がいっしょになった実行部隊だから、強権を背景に横暴なふるまいをするものが少なくなかった。

しかし、庶民はさからうことができなかったので、泣き寝入りするしかない。道理で争っても絶対に勝てない。そこが、ものをほしがって泣く子と同じだと、権力の横暴を指すことわざとなった。

「課長のAです。役不足ですが頑張ります」は、なぜ笑われる？

「役不足」がまちがいだから。正しくは「力不足ですが頑張ります」だ。いきなりの抜擢(ばってき)で緊張が続いているのかもしれないA課長だが、「役不足」と言ったのでは、課長職が自分の実力に比べ軽すぎるということになる。就任あいさつだから遠慮がちに言ったつもりだろうが、逆効果。

謙遜(けんそん)するなら「力不足」である。「私では力不足かもしれませんが精一杯、頑張ります」だ。

「役不足」は、人に頼むとき「君には役不足だとは思うけど、課長をやってもらえないか」ならいい。なお、もっと責任ある立場を期待していたのに、そうでなかったとき、グチやうらみを口にすることは「役不足をかこつ」と言う。

超やわらかい「シャリアピン・ステーキ」。シャリアピンとは？

ステーキとは「肉類を焼いた料理」。牛肉のほか豚肉、鳥肉、魚介まであるが、ふつうは、ビーフステーキである。サーロイン、テンダーロイン、シャトーブリアン（フランス）、ハンバーグなどいろいろあるが、その中のシャリアピン・ステーキは、日本で考案された一品だ。別に、日本人が考えてもおかしくはないが、その誕生エピソードがおもしろい。

昭和11年（1936）、来日したロシア（当時ソ連）のオペラ歌手フョードル・シャリアピンは急にひどい歯痛におそわれた。やわらかい食べ物ならOKと言うので帝国ホテル「ニューグリル」の料理長が、よくたたいた牛肉をタマネギのみじん切りに漬け込んでから焼くという「超々やわらかステーキ」を考案した。

タマネギのタンパク質分解酵素（こうそ）が、肉をやわらかくするのだ。料理長はすきやき料理で、そのことを経験的に知っていた。このステーキにシャリアピンは大変喜び、帝国ホテルではメニューの一品に加えた。

苦労が水泡に帰すことは「元の木阿弥」。木阿弥とは？

「元の木阿弥」とは、苦心してよくなったにもかかわらず結局もとの状態に戻ってしまうことだ。

戦国時代の天文18年（1549）、大和郡山の城主筒井順昭は大病（天然痘とされる）をわずらい、死を覚悟して家臣を連れ、ひそかに比叡山に隠居した。

そのことが周辺諸国に知れると攻め込まれるので、順昭は、家臣に息子の順慶（幼名・藤勝）への忠誠を誓わせたうえで影武者を立てるよう遺言し、亡くなった。

影武者に選ばれたのは、順昭に声がそっくりの奈良にいた木阿弥という盲目の僧である。贅沢な暮らしとひきかえに、木阿弥は、薄暗い寝床から、家臣団に言われたとおりの命令を発し、周囲の人をだまし続けた。しかし、息子の順慶が成長し、家臣団が無事に後継の体制を整え終わるとお払い箱となった。もとの木阿弥に戻ったのである。

元気のいい老人を「矍鑠（かくしゃく）としている」と言う。矍鑠とは？

中国5世紀の『後漢書（ごかんじょ）』に馬援（ばえん）という老人の話がある。蜀（しょく）の王に仕え、のちに後漢（ごかん）の光武帝（こうぶてい）に仕えることになった馬援は、勇猛果敢（ゆうもうかかん）な老将軍だった。

辺境で反乱が起こったとき62歳だったが、自ら進んで討伐（とうばつ）を願い出た。しかし、馬に乗るだけでも大変なのだからと、光武帝は、「年を考えろ」と止めた。しかし、馬援は甲冑（かっちゅう）を身につけて馬に飛び乗り、元気であることをアピールした。光武帝もこれには折れ、「矍鑠たるかなこの翁（おきな）は」と言って許した。

この故事から元気な老人を「矍鑠としている」と言うのだが、「矍」という漢字は、手に止まった鳥が目をキョロキョロさせ素早く動き回るという意味であり、また「鑠」にはイキイキとして元気がよい、美しいなどの意味がある。

関西では「ダメ」を「あかん」と言う。なんのこと？

『広辞苑』によると「あかん」は「埒あかぬ（ん）」で、「不可（ダメ）である」ことだが、では、「埒あかぬ」とは？

埒は、馬場の周囲の柵で、古くは、さらに広く囲いのことだった。

奈良の春日大明神（春日大社）では祭礼のとき神輿の周りに埒をつくって、人が勝手に近づいたり、さわったりできないようにしたという記述が、元禄時代（江戸中期）の『諺草』にある。朝になると埒を開けてお参りできるようにした。

だから、「埒があく」とは、囲いがなくなり、ものごとが次に進むことである。

逆に、「埒があかぬ」は囲いをつくって前に進まなくすることだ。それが「あかん（ダメ）」だが、「ダメ」と言っても強い否定ではなく、さらりと軽くといった感じである。

もっと強く言いたいときは「～したらあかんで」と、「で」をつける。

また、丁寧に言うときは「あきまへん」だが、もっと丁寧に言うときは「あかしまへん」だ。

経済成長時代の主役は「団□の世代」。□は何？

「塊」だ。「団塊（だんかい）の世代」である。昭和22年（1947）〜昭和24年の3年間に生まれた合計806万人（年間260万人以上）の人々で、世代別の人口構成で見ると巨大なかたまりをつくっている。

平成元年（1989）以降の年間出生数は130万人以下だから、その人数の多さに圧倒される。この巨大な人口のかたまりに着目したのが、当時の通商産業省（現・経済産業省）にいた故・堺屋太一（さかいやたいち）氏である。

1970年代前半に、この巨大なかたまりを「団塊の世代」と命名し、昭和51年（1976）に小説『団塊の世代』を出版した。この世代は日本の経済成長とともにすごし、「明日は今日より豊かになる」という価値観に支えられ、経済、文化をはじ

め、あらゆる分野で日本を押しあげてきた。しかし今や彼らは70歳を超え、超高齢社会の主役となっている。

「東奔西走（とうほんせいそう）」と「南船北馬（なんせんほくば）」は同じか、ちがうか？

「東奔西走」は、仕事や金あつめなど、何かの目的のためにあちこち走り回ることである。「彼は人材探しで東奔西走。席のあたたまる暇がない」といったように使う。「南船北馬」は、あちこちをいつも旅行しているのは同じだが、どこかに、何かのために行くのではない。旅行そのものが目的である。

中国の南部は河川が多いので昔は船を使い、また北部は山や砂漠地帯が多いので馬を使って旅をした。だから、「彼は南船北馬で家に帰る暇がない」となる。「東奔西走の大活躍」と言うが、「南船北馬の活躍ぶり」とは言わない。家にいないことは同じだが、中身がちがう。

一途に勉強する「蛍雪の功」は、なぜ、蛍と雪か？

「蛍の光、窓の雪」だ。４世紀ごろ、中国・東晋の車胤は家が貧しく灯油を買うお金がなかった。そこで、袋に蛍をあつめ、その明かりで勉強にはげんで吏部尚書（人事院総裁）に上りつめた。

また、孫康という人も、やはり灯油を買えなかったが、いつも雪明かりで本を読み勉強にはげんだ。そして官界に入り、官吏の不正をただす御史大夫長官に出世した。両方ともよく知られているエピソードだ。

ところで、蛍の光や雪明かりで本当に本が読めるのだろうか。

蛍の研究家がやってみたところ、光の大きいゲンジボタルを１０００匹ずつ入れたかごを本の両側に置くと、薄ぼんやりとではあるが字が読めたという。しかし、２０００匹をあつめるのは大仕事だ。それとも昔の中国には、よほどたくさん蛍がいたのだろうか。では、雪明かりはどうだろう。月が煌々と照っていれば読めるという。

なぜ、旅先からの「みやげ」を土産と書くか？

「みやげ」を漢字で、「土産」と書くのは当て字だが、今はこれがふつうに使われている。しかし、「みやげ」は、本来は「宮笥（みやけ）」だった。神様の食器だ。現在の私たちの旅は観光地めぐり、温泉めぐりなどだが、昔は神社詣（もう）でがほとんどだった。しかも、誰もが気軽に行ける旅ではなかったから、行った人は、ありがたい神様の恩恵を親類縁者やご近所の皆に持ち帰らなくてはならない。〝右代表〟でお参りするわけだ。

持ち帰るものは何がいちばんいいか？　それは、神社で神様にささげたもの（食事）をおすそ分けするのがいい。しかし、食べ物はいたむので、かわりに食器がいいだろうとなって宮笥を持ち帰った。「みやけ」が「みやげ」だ。それが、だんだん、その土地の産物を買って帰るようになり、それなら「土産」の漢字のほうがいいだろう、となったわけである。

「蟻（あり）の這（は）い入る隙（すき）もない」はまちがい。どこが、なぜ？

この言い回しは、今は、警備が厳しい場合に使われるので、どこがまちがいかわからないだろう。

正しくは、「蟻の這い出る隙もない」だ。出る隙がないなら、入る隙もないのだから同じではないかと思うかもしれない。しかし、まるでちがうのである。

なぜなら、これは城攻めについて表現したものだからだ。城攻めをしている側が、蟻一匹逃げ出せないよう包囲を固めたということを言いたいのだ。包囲して敵が弱るのを待つのだが、この「敵が弱る」というところに力点がある。

「這い入る隙もない」だと、城の側が守りを固めたことになり、「敵が弱るのを待つ」という意味は消える。

力士の四股名（しこな）はもとは醜名（しこな）だった。なぜ「醜」か？

白鵬（はくほう）、若乃花（わかのはな）、大鵬（たいほう）など大相撲の力士の名は四股名というが、もともとは「醜名」だった。といっても、「醜」は「みにくい」ではなく、「逞しい（たくましい）」だ。醜男と書いて「しこお」と読む。「ぶおとこ」ではない。『古事記（こじき）』にも強く逞しい「葦原（あしはら）色許男〈しこおの〉神（かみ）」とある。「醜名」がつけられたのは江戸時代からで、相撲部屋で代々受けつがれた名が多いが、決まりはないので、中には変わった名もある。

たとえば、自動車、自転車、鬼ノ臍（へそ）、小猫、改心、いろは、新刑法、凸凹（でこぼこ）、唐辛子（とうがらし）、軽気球、〆切（しめきり）、豆鉄砲、山本山などだ。

また、難しい読みもあり、たとえば、鯨波（ときのこえ）、廣原海（わだつみ）、階（きざはし）、殿（しんがり）、京（かなどめ）など。いろいろあっておもしろい。

「彼の態度には腹が煮えくり返った」は変。なぜか？

「腹が」がまちがい。「腸〈はらわた〉が煮えくり返った」だ。

怒りにもいろいろあって、ふつうは「腹を立てる」だが、許しがたい場合は「腸が煮えくり返る」となる。

腸を「はらわた」と読むときは、小腸・大腸などだけでなく内臓すべてを指す。五臓六腑（ごぞうろっぷ）が煮えくり返るのだ。さらに内臓だけでなく、「こころ」も加わる。それらすべてが怒りに向かうのだから、本当に許しがたいのである。

深い深い悲しみを表現する「断腸（だんちょう）の思い」は、子猿をうばわれた母猿の腹を割（さ）くと腸（はらわた）がズタズタになっていたという故事に由来するが、その腸とはまた「こころ」でもある。「こころ」がズタズタになっていたのである。

「あきれて二の句が出ない」はちょっと変。なぜ？

「出ない」がまちがい。「二の句が**継げない**」である。「二の句が出ない」でも同じ意味だが、慣用句なので「ま、いいか」とはならない。「二の句が継げない」のは、この句が、雅楽の朗詠からきているからで、前半を「一の句」、後半を「二の句」と言う。

これは、『和漢朗詠集』などからの漢詩に曲をつけたもので、「一の句」が低音で発声するのに対し、「二の句」はいきなり高音から発声するので、続けて歌うと息が切れ難しい。そこから「二の句が継げない」となった。

「どっこいしょ」という掛け声は、どういう意味？

ただの掛け声に、意味なんかない？　が、そうではない。民俗学者の柳田國男氏によると、「どこへ？」が語源であるという。しかし、これは現在の「何処へ？」ではない。江戸時代には歌舞伎でよく使われていたらしいが、相手が何かしようとしたとき、発言や行動をさえぎるため発する言葉だった。今はない。さえぎるための言葉だ

から強く、力が入る。「自分の考えは、ああだ、こうだ、やいの、やいの！」と相手が言っているときに、「どこへ！」と強く言うのである。また、「そういうことなら私がやります。やります、やります！」と相手が腰を浮かせたときに、「どこへ？」と機先を制すのである。

この「どこへ!?」が「どっこい!?」となり、「どっこいしょ」になったという。また、相撲でも、かつては「どこへ！」と言っていたらしいが、それが「どっこい！」となり「どすこい！」となったとされる。

「あの人はとても几帳面」。この几帳面とは何？

まず、「几帳」とは何か？　平安時代の絵巻物を見ると部屋と部屋は、ふすまや障子でなく、2本の柱に横木を渡し、そこに布を垂らした移動式カーテンのようなもので仕切られている。これが「几帳」である。「面」は、その柱の上の両角をまるく面取りしたもののことで、その両側に段上の刻み目を入れて装飾されている。これが

「几帳面」といわれる部分である。

この細工はいい加減な仕事ではきれいに仕上がらない。技術があって、がまん強い職人でなくてはできない。もちろん繊細なものだから、きちんと決められたとおりに、正確にやらなくてはならない。そこから、そうしたことができる人を「几帳面」と呼んだ。

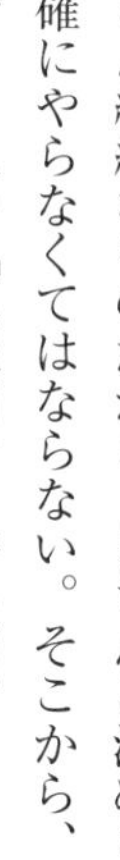

「ぶきっちょ」の由来は？

「ぶきっちょ」は「ぶきよう」の音が変化したもの。漢字で「不器用」だから、器用ではないということだ。器用とは、「器」という字が茶わんや皿など日用品、「用」が役に立つということだから、「役に立つ器具」である。これが人間に対しても使われるようになって、役に立つ人、あるいは何か役に立つ才能となった。

ここまでは14～15世紀ごろの話。16世紀になると、さらに変わって、どんなことでもうまくやれる、手先がよく利くとなった。これが今に続いており、その反対が「ぶきっちょ」というわけだ。手先をうまく使えないとか、何事かを処理するとき手ぎわよくうまくやれないことである。

坂本龍馬は「りゅうま」か「りょうま」か？

「りゅうま」か「りょうま」かを検証する前に、竜の字を使った故事「画竜点睛」は、なんと読むか？

「がりょうてんせい」である。竜は「りょう」と読む。

この故事は、中国・南北朝時代の画家が寺の壁に描いた竜に睛を入れたところ、稲妻が走り竜が天に駆け昇ったというもので、ものごとのかんどころのたとえだ。

話を戻して、まず、坂本龍馬か坂本竜馬かだが、「竜」は江戸時代から「龍」の略字とされ、どちらを使ってもいいことになっている。『広辞苑』は「坂本竜馬」、さらに司馬遼太郎氏は小説『竜馬がゆく』で「竜馬」としている。このことについて、同氏は、雑誌のインタビューで「歴史上の人物（龍馬）と区別するため『竜馬』とした」と述べたとされる。

次に、「りゅうま」か「りょうま」かだが、手紙の自筆署名、さらに同時代人の日記には「良馬（りょうま）」の当て字で記されており、また、姪（めい）への手紙には「りょふ」と記していることなどから、「りゅ」ではなく「りょ」であり、「りょうま」だったと推定できる。

一説には、京都で「りゅうま」と呼ばれ、江戸では「りょうま」と呼ばれていたという。以上をまとめると「坂本龍馬」は「さかもとりょうま」だったことになる。

〈了〉

〈参考文献〉

『明鏡 ことわざ成句使い方辞典』（北原保雄編著・加藤博康／大修館書店）、『身近なことばの語源辞典』（西谷裕子著・米川明彦監修／小学館）、『衣食住語源辞典』（吉田金彦編／東京堂出版）、『動植物ことわざ辞典』（高橋秀治／東京堂出版）、『日本語おもしろ雑学練習帳【誤用篇】』（日本雑学能力協会編著／新講社）、『ことばの豆辞典①～⑥』（ことばの豆辞典編集室編／角川文庫）『樋口清之の雑学おもしろ歳時記』（樋口清之監修／三笠書房・知的生きかた文庫）、『NHK気になることば（正・続）』（NHKアナウンス室編／東京書籍）、『日本語チェック2000辞典』（樺島忠夫・植垣節也・内田満・佐竹秀雄／京都書房）、『日本人なら知っておきたい「名句・季語・歳時記」の謎』（日本雑学能力協会編著／新講社）、『「日本語」で恥をかく前に読む本』（大島清監修・日本雑学能力協会編／新講社）、『言葉に関する問答集【総集編】』（文化庁／全国官報販売協同組合）、『うっかり日本語クイズ』（板坂元編／同文書院）、『語源と謎解き』（板坂元編／同文書院）、『広辞苑』（岩波書店） ほか。

本書は、新講舎より刊行された『日本語雑学で「脳の体操」』を、文庫収録にあたり改題したものです。

坪内忠太（つぼうち・ちゅうた）

1946年岡山県生まれ。慶應義塾大学卒。著述家。書籍編集のかたわら、「雑学」を収集。その知識を駆使して、累計65万部超のベストセラー『時間を忘れるほど面白い雑学の本』（竹内均・編／三笠書房《知的生きかた文庫》）シリーズの執筆にも協力。著書に、『アタマが1分でやわらかくなるすごい雑学』『1分で子どもにウケるすごい雑学』『日本語おもしろ雑学』（以上、三笠書房《知的生きかた文庫》）の他、多数ある。

知的生きかた文庫

1分でみるみる教養がつく
日本語の雑学

著　者　坪内忠太

発行者　押鐘太陽

発行所　株式会社三笠書房

〒一〇二-〇〇七二　東京都千代田区飯田橋三-三-一

電話〇三-五二二六-五七三四〈営業部〉

〇三-五二二六-五七三一〈編集部〉

https://www.mikasashobo.co.jp

印刷　誠宏印刷

製本　若林製本工場

ISBN978-4-8379-8772-7 C0130

知的生きかた文庫

ズボラでもラクラク！ 1週間で脂肪肝はスッキリよくなる

栗原 毅

＊人体最大の臓器「肝臓」、どれだけ、いたわってますか？

チョコもお酒もＯＫ。基本の「糖質ちょい・オフダイエット」に、誰でもすぐできる「4つの方法」から好きなものを1つ2つ加えるだけ。これで血液の状態も、パンパンに張ったウエストサイズもみるみる改善！

ズボラでもラクラク！ 薬に頼らず血圧がみるみる下がる！

板倉弘重

＊本当に望ましい血圧は、基準値より、かなり低いという真実……

4人に1人のリスク、糖尿病を防ぐ！　勝負は40代から。美味しく飲んで食べる「ズボラ・ライフ」でそんなリスクとも簡単にさよなら。ほんのひと手間で実践できる、とっておきのワザを惜しみなく明かします。

ズボラでもラクラク！ 超効率勉強法

椋木修三

＊勉強は要領！ やり方一つで結果が変わる！

ズボラなところがある人ほど、ラクをするための工夫をするから短時間で面白いほどうまくいく！　記憶できる！　昇進・テスト・資格・英語・受験・教養……気づいたら合格してる人、続出！

C30124

親を寝たきり・要介護にしないたった6つのこと

平松 類

＊介護期間ゼロは、夢ではない。後悔ゼロにするために！

日本人の平均「要介護期間」は、女性が約13年、男性が約9年。今知っておけば、親も、あなたもハッピーに！お金を貯めるよりも、要介護になる時期を少しでも遅らせることのほうが、もっと大切なのです！

血流を改善するとたった1分で耳がよくなる！

今野清志

＊今からでも遅くはありません！耳をよくする方法はあります。

ちょっと生活習慣を変えて、簡単なトレーニングをするだけの「安心の聴力回復法」。しかも、難聴の改善は、万病の予防にもなるのです！　3000人の難聴を改善した著者が真の原因と、改善体操を公開！

すぐやるコツすぐやめるコツで全部うまくいく！

平本あきお

＊まさか！　たった1度で！　続いてる！「習慣化」できる超強力メソッド！

勉強、片づけ、ダイエット、筋トレ、英会話……心理学と科学的根拠に基づいた簡単なコツで、サクサク動ける！結果を出せる人、できる人に生まれ変わる！……理想の自分にステップアップ！

C30123

渋沢栄一 うまくいく人の考え方

渋沢栄一
竹内 均【編・解説】

＊一度きりの人生が、最高の人生に変わる！
経営の神様ドラッカーも大絶賛の渋沢哲学。

『論語』を人生の指針にすれば絶対に後悔しない！ 渋沢自身が劇奨する『論語』の生かし方とは？ 約100年にわたり読み継がれてきた名著『実験論語処世談』が現代語でよみがえる！

現代語訳 学問のすすめ

福沢諭吉

＊今を生き抜く最高の知恵を教えよう。
推薦の言葉――慶応義塾長 清家 篤

この錯綜の時代にこそ役立つ、究極の「生き方」の教科書。本書はすべて、現在および未来への具体的・実践的提言である。◇学問とは何か？ ◇今、われわれが学ぶべきものは？ ◇人の上に立つ人の責任とは？

女性が28歳までに知っておきたいお金の貯め方

中村芳子

＊年収250万円、貯金ゼロでもムリなく
5800万円貯められる！（シングル・65歳までに）

仕事、結婚、子育て、住まい、老後、ふやし方、使い方、備え方、お金の基本から、幸せになる生き方まで。未来の自分へ夢をかなえる資金と、一生お金に困らない安心をプレゼントしよう！

C30135

大嶋祥誉の本

マッキンゼーのエリートが大切にしている39の仕事の習慣

世界最強のコンサルティングファームで実践する働き方の基本を厳選紹介！
◎つねに「ゼロ発想」をする
◎「バリュー」にこだわる
◎「事実」をベースに「仮説」を伝える
◎自分の主張は「質問」に込める　…etc.
オンライン会議のあり方など、テレワークにも対応!!

マッキンゼーで学んだ「段取り」の技法

入社3カ月で叩き込まれる基本スキル！
「ミニマム思考」で仕事の「質×スピード」が上がる!!
◎全体設計を「1枚の紙」にまとめる
◎「セクシー」な切り口を見つける
◎作業の見積もり時間は「2倍」で設定する
◎アウトプットは「3」でまとめる　…etc.
「段取り上手」は、仕事も人生も豊かになる！

単行本　マッキンゼーで叩き込まれた超速フレームワーク

使い込むほどに思考力と行動力が磨かれる！
本当に使える20の鉄板フレームワーク!!
◎トラブルを未然に防ぐ「空・雨・傘」
◎大きな問題を小さな要素に分解する「ロジックツリー」
◎市場&競合を知り、自社の戦略を導く「3C分析」
◎バリューを生み出す「ビジネスシステム」　…etc.
「枠」にはめれば、仕事力は劇的にアップする！

C30131

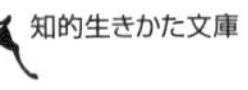

夢をつかむパワー！
大谷翔平 86のメッセージ
児玉光雄

＊飛躍の原点、すごさの秘密。
先入観は可能を不可能にする。

◆ワザを磨くときの心構え ◆モチベーションを保ち続ける法 ◆目標や人生の選択について ◆想像を絶する量の練習をも楽しみながらこなせるのは、なぜか？ ……すべては小さいことのつみ重ねだった！

アタマが1分でやわらかくなる
すごい雑学
坪内忠太

＊世の中は意外と面白いことに満ちている。
すきま時間が楽しみになる、厳選ネタ！

「飲み屋のちょうちんは、なぜ赤色か？」「朝日はまぶしいのに、なぜ夕日はまぶしくないか？」など、脳を鍛えるネタ満載！ どこでも読めて、雑談上手になれる1冊。

今夜は朝まで一気読み！
どこまで知ってる⁉
日本語おもしろ雑学
坪内忠太

＊なぜ？ どうして？
簡単そうで答えられない質問286

◇料理のコツというときの「コツ」とは何か？ ◇「グレる」の、グレとは？ ◇「総スカン」のスカンって？ ◇卵と玉子はどう違う？ ◇顔（面）が白いでなぜ、面白い？ アタマに「まさか⁉」の爽快感！

C30136